HERBALISMO ESPIRITUAL

El compañero del herbolario principiante: Un enfoque herbal del sistema de chakras para alcanzar el bienestar elevado con el espíritu de las plantas y los medicamentos más poderosos de la naturaleza

ASCENDING VIBRATIONS

Ilustrado Por
SEO RUQUE (INSTAGRAM: @SEORUQUE)

NOTA PARA EL LECTOR

La información contenida en este libro ha sido redactada exclusivamente con fines informativos y educativos. No pretende oficiar de consejo médico, ser ninguna forma de tratamiento médico, diagnosticar ninguna condición médica o reemplazar el consejo de un médico o profesional de la salud. Consulta a tu proveedor de atención médica antes de comenzar un nuevo programa de salud. Cualquier uso de la información contenida en este libro es responsabilidad exclusiva del lector.

ÍNDICE

RECLAMA TUS BONOS (EN INGLÉS)

Para acompañarte en tu viaje espiritual, hemos creado algunos bonos gratuitos que te ayudarán a eliminar el equipaje energético que ya no te resulta útil y a manifestar una vida que se adapte mejor a ti. Los bonos incluyen un curso de video complementario con más de 4 horas y media

de contenido empoderador, videos energizantes, poderosas
meditaciones guiadas, diarios y más.

Puedes obtener acceso inmediato entrando en el siguiente
enlace o escaneando el código QR con tu teléfono móvil.

https://bonus.ascendingvibrations.net

Bonificación gratuita Nº 1: Curso de puesta a punto de tus chakras en 3 pasos

¿Quieres conocer una manera única de enfocarte en los chakras? Eleva tu existencia enfocándote en el subconsciente, lo físico y lo espiritual.

- ¡Descubre un método único de 3 pasos para enfocarte en los chakras que muy pocos conocen!
- Hackea tu cerebro, eleva tu cuerpo, mente y espíritu, y libera los bloqueos que te impiden alcanzar la grandeza.
- Despierta una energía asombrosa para crear una realidad que se adapte mejor a ti.
- Deja de perder tu valioso tiempo con métodos ineficaces

Bonificación gratuita Nº 2: El kit de herramientas de la fórmula secreta de manifestación

¿Has decidido dejar de conformarte con la vida, de perder tu valioso tiempo y estás listo para alcanzar tu máximo potencial?

Bonificación gratuita Nº 3: El kit de herramientas de limpieza espiritual

¿Estás listo para soltar toda la energía negativa que ya no te sirve?

- Libera bloqueos energéticos que podrían estar causando desequilibrios
- Despierta una energía asombrosa para sobrecargar tu aura
- Crea un ambiente energéticamente limpio y harmonioso

Bonificación gratuita Nº 4: Una poderosa meditación guiada de 10 minutos de sanación energética

Todos estos increíbles bonos son 100% gratis. No necesitas ingresar ningún detalle excepto tu dirección de correo electrónico.

Para obtener acceso instantáneo a tus bonos, ve a:

https://bonus.ascendingvibrations.net

INTRODUCCIÓN

¿ESTÁS LISTO PARA EMBARCARTE EN UN VIAJE DE SANACIÓN?

Hola, y bienvenido a la siguiente fase de tu vida. Si estás aquí, leyendo esto, es porque tu destino te lo ha dictado. Algo te ha llamado para que tomes este libro y comiences a leerlo. Lo más probable es que sea porque deseas un conocimiento más profundo del herbalismo espiritual, pero me gustaría creer que hay un significado más profundo del porqué has descubierto el camino hasta aquí. Este libro te ha hablado a un nivel espiritual y ha abierto una conexión que iniciará un maravilloso viaje lleno de aprendizaje e iluminación.

No puedo comenzar a describir la alegría absoluta que me produce que estés leyendo estas páginas y estés listo para comenzar tu viaje a través del herbalismo espiritual.

Este libro está diseñado para el herbolario principiante con una profunda intuición espiritual: una persona espiritualmente profunda que busca ampliar su relación con el mundo que le rodea. Tanto si ya tienes conocimientos sobre los chakras, el yoga, la meditación, el herbalismo, las infusiones y las energías espirituales, como si eres completamente nuevo en estos conceptos, aquí encontrarás todo lo que necesitas para comenzar tu viaje de sanación.

He adoptado un enfoque novedoso en estas páginas para que te resulte sencillo ampliar tu rutina actual con los nuevos principios del herbalismo espiritual. Este enfoque organizado por chakras te mostrará cómo energizar tu cuerpo, mente y espíritu de forma fácil y práctica utilizando hierbas naturales. Te enseñará a utilizar la herbolaria espiritual para dirigirte sistemáticamente a los chakras, evitar la sobreestimulación y mantenerlos equilibrados. Porque cuando tus chakras están equilibrados, eres una persona más feliz, más sana y más elevada.

¿Por qué he diseñado el libro de esta manera? Me he dado cuenta de que muchos otros libros sobre herbalismo estructuran sus capítulos por plantas o por enfermedades o dolencias. Esto está bien si quieres leerlo de principio a fin y dejar marcadores en las partes a las que quieres volver, pero no funciona de la manera más eficaz como guía de consulta rápida. Este método también asume que tienes un problema físico que intentas resolver. Tus chakras son responsables de tu bienestar emocional, espiritual y conductual, así como de tu salud física. Muchos de los rituales que utilizas en tu vida diaria -meditación, yoga, aceites esenciales, etc.- tienen como objetivo mantener estos centros energéticos en equilibrio, no sólo como tratamientos para cuando algo anda mal. Las hierbas y recetas de este libro pueden utilizarse del mismo modo. La organización de la información por chakras, te permitirá localizar rápidamente la información que necesitas para armonizar tus necesidades espirituales.

BREVE HISTORIA DEL HERBALISMO Y EL HOLISMO

Los seres humanos hemos estado habitando este planeta desde hace decenas de miles de años y, durante todo ese tiempo, hemos tenido que hacer frente a enfermedades, lesiones y otros problemas de salud. Todo lo que hoy sabemos sobre biología humana y medicina, se debe a los descubrimientos de nuestros antepasados. Nuestra comprensión moderna de la medicina está influenciada por una serie de sistemas médicos primitivos creados por distintas civilizaciones repartidas por todo el mundo.

Uno de los textos médicos más antiguos que se han descubierto proviene de Egipto, en torno al año 1500 a.C. denominado Papiros de Ebers, estos pergaminos contenían más de 700 recetas de medicinas, ungüentos y otros trata-mientos, todos ellos a base de plantas locales. En China, las medicinas a base de plantas se utilizaban desde el 2700 a.C. aproximadamente, y en la India también se empleaban en tratamientos ayurvédicos en una época similar.

Tenemos mucho que agradecer a los griegos y a los romanos porque, en su periplo por Europa y África, encon-traron muchas formas diferentes de herbalismo y las llevaron de regreso a casa para estudiarlas. El célebre médico griego, Hipócrates, redactó unos manuscritos médicos muy detallados en los siglos V y IV a.C., en los que recopilaba toda la información conocida sobre las cualidades medicinales de más de 300 plantas y hierbas. Entre otras cosas, detallaba cómo utilizar la corteza del sauce para aliviar el dolor, un importante descubrimiento que sigue siendo relevante hoy en día ya que de ahí procede el principio activo de la aspirina.

SANACIÓN DEL ESPÍRITU

Lo verdaderamente asombroso de algunas de estas formas de medicina tradicional es lo similares que son sus creencias fundamentales. Si viajamos miles de años atrás, veremos que los antiguos egipcios, las tribus africanas, los griegos, los chinos, los británicos, los indios y los nativos americanos, entre otros, utilizaban la misma planta (o una variante equivalente) para tratar las mismas dolencias. Incluso la idea de que existe un elemento curativo que va más allá de lo físico, como los chakras, los estados de ánimo o las energías, está presente en numerosos textos médicos históricos que abarcan distintos continentes. Esto demuestra que el vínculo entre la salud física y espiritual ha sido una parte importante de la asistencia médica durante miles de años. Hoy lo llamamos holismo o adoptar un enfoque holístico.

La medicina holística reconoce que la medicina debe tratar a la persona en su totalidad, no sólo la parte física. Debe tener en cuenta sus emociones, su estado mental y su bienestar físico, así como las influencias sociales, étnicas y familiares. Es la base de medicinas tradicionales como la Homeopatía, el Ayurveda, el Qigong y la Acupuntura, así como de otras que han desaparecido o han sido sustituidas por modelos científicos más precisos. Un ejemplo de ello son las enseñanzas de Galeno, populares en toda Europa durante la Edad Media. Galeno, un antiguo médico romano, se basó en las investigaciones de Hipócrates e imaginó que el cuerpo estaba formado por cuatro humores diferentes (fluidos dentro del cuerpo, como la bilis y la sangre). Los desequilibrios de los humores podían resolverse estimulando el humor opuesto, una forma de equilibrio similar al yin y el yang de la medicina tradicional china.

AYURVEDA

Los textos ayurvédicos, que aún hoy se practican en todo el mundo, se remontan al siglo II antes de Cristo. Estas enseñanzas se centran en el equilibrio entre los elementos externos del universo: aire, agua, tierra, fuego y éter, y las tres energías internas llamadas Doshas. Los practicantes también creen que el cuerpo está formado por siete tejidos o Dhatus, cada uno responsable de una parte diferente de las funciones corporales. Por último, el Ayurveda tiene en cuenta la constitución individual de cada persona, llamada su prakriti, ya que esto determinará cómo reacciona a los diferentes tratamientos y cuáles son los más apropiados. (Jaiswal & Williams, 2017). Cuando algo está desequilibrado, puede corregirse mediante tratamientos herbales, yoga y meditación, prescribiéndose los tratamientos en función del prakriti de cada paciente.

LOS SIETE CHAKRAS

El sistema de chakras evolucionó paralelamente a los Doshas ayurvédicos. De hecho, ambos tienen sus raíces en el hinduismo. Mientras que los Doshas y los Dhatus son sistemas físicos, los chakras son como engranajes o ruedas de energía pura, por lo que la gente suele referirse a ellos como su cuerpo energético en lugar del cuerpo físico. Estas ruedas giran constantemente, permitiendo que la fuerza vital fluya por el cuerpo, fomentando el bienestar físico y emocional. Se pueden establecer vínculos entre ellos y las enseñanzas del Ayurveda, estas dos filosofías se complementan muy bien. Cada chakra está influenciado por un elemento diferente: fuego, agua, tierra, aire, éter, luz y energía cósmica.

Los chakras bloqueados impiden que la energía fluya correctamente, y dependiendo de qué chakra esté bloqueado, verás que esto se manifiesta como problemas físicos, emocionales, mentales e incluso de comportamiento. En este caso también, una combinación de yoga y meditación puede ayudar a desbloquear los chakras. También responden bien a ciertos colores, alimentos y hierbas, encontrarás más información sobre ellos más adelante en este libro.

Descubrirás que las influencias de tus chakras a menudo se solapan con las de los que están por encima y por debajo de ellos. Por ejemplo, el sistema digestivo está influido por los chakras primero, segundo y tercero, lo que significa que podría ser necesario estimular más de uno para llegar a la raíz del problema. También significa que muchas de las hierbas mencionadas en capítulos posteriores afectarán a múltiples chakras y pueden combinarse para crear excelentes tónicos que revitalicen todo tu ser.

LA MEDICINA ALTERNATIVA EN NUESTROS DÍAS

Los sistemas de medicina alternativa y complementaria existen desde hace mucho más tiempo que la medicina farmacéutica moderna, pero ya no son la principal forma de asistencia médica. Como sociedad, actualmente dependemos de médicos y farmacéuticos para que nos prescriban tratamientos para una gran cantidad de síntomas diagnosticados de forma aislada. Esto contrasta directamente con las prácticas tradicionales, como el Ayurveda, la homeopatía y el Reiki, que buscan comprender las causas que subyacen a nuestros síntomas. Estos tratamientos se orientan hacia el interior, investigando las energías corporales y las emociones, además de tener en cuenta la personalidad y el espíritu del paciente. ¿Por qué si no el mismo problema manifiesta síntomas diferentes en personas diferentes? Los especialistas creen en un enfoque verdaderamente holístico, en el que el tratamiento correcto dependería no sólo de los síntomas, sino también de la constitución de la persona que los padece.

La fitoterapia o medicina herbal, no es una moda nueva; de hecho, es una de las formas de medicina más antiguas del mundo. Muchos remedios básicos que utilizamos a diario tienen sus raíces en miles de años de tradiciones herbolarias, incluso aunque no consideremos que se basen en el herbalismo. Cosas como usar pastillas o bebidas de limón para aliviar el dolor de garganta o frotar hojas de acedera para aliviar la irritación producidas por la ortiga. Hay cientos de otros remedios que aún habrían sido de conocimiento común en los hogares hasta principios del siglo XX. De hecho, en las comunidades menos desarrolladas de todo el mundo, la medicina herbal sigue siendo la principal forma de atención médica.

EXTRACTOS VEGETALES SINTETIZADOS EN MEDICAMENTOS DE USO COTIDIANO

Algunas medicinas alternativas han adquirido mala reputación a lo largo de los años debido a la desinformación y los malos entendidos. Lo que la gente no sabe, es hasta qué punto han influido las plantas y las hierbas en todos los aspectos de la medicina moderna. Sólo a partir de la segunda mitad del siglo XIX nuestras capacidades científicas nos han permitido crear medicamentos sintéticos, e incluso entonces, la mayoría de los compuestos químicos que producían los laboratorios procedían de las plantas. Estos extractos de plantas constituyen la base de fármacos comunes, como la aspirina, la morfina y las pastillas para la tos. Hoy en día, el 40% de los medicamentos farmacéuticos utilizan extractos de plantas o fuentes vegetales enteras en su composición (Servicio Forestal de los EE.UU., s.f.).

Algunos de los medicamentos más novedosos en los campos de la atención oncológica y la prevención de la demencia, proceden íntegramente de plantas. Por ejemplo, la vinblastina es un fármaco quimioterapéutico utilizado en el tratamiento de la leucemia infantil y se fabrica a partir de las hojas secas del bígaro de Madagascar (Pavid, 2021). Es increíble que un tratamiento eficaz para una enfermedad como ésta sea totalmente natural y que, para producir más, los científicos sólo tengan que aumentar las cosechas de esta hermosa flor. Hablar de medicina a base de plantas tiende a evocar imágenes de tisanas y ungüentos caseros en lugar de productos farmacéuticos autorizados, pero esto es sólo una prueba más del increíble poder curativo que aportan las plantas si las utilizamos correctamente.

¿QUÉ ES EL HERBALISMO ESPIRITUAL?

La medicina moderna está de acuerdo en que las plantas son cruciales para nuestra salud. Aunque muchas sustancias químicas curativas de las plantas se sintetizan hoy en día en laboratorios, ha habido casos notables, como en la medicación contra la malaria, en los que estas réplicas sintéticas, a pesar de ser químicamente idénticas a las producidas por las propias plantas, no tienen un efecto tan beneficioso en los pacientes (Rasoanaivo et al., 2011). Pregúntale a cualquier herbolario espiritual y te dirá que hay una razón obvia para esto: puedes ser capaz de clonar las partes de una planta, pero no puedes replicar su espíritu. Y para el herbalismo espiritual, esa es una parte bastante esencial.

DOS TIPOS DE HERBALISMO

Dentro del herbalismo, existen dos enfoques diferentes: el alopático y el espiritual. La medicina alopática está más estrechamente alineada con la medicina farmacéutica; está diseñada para tratar los síntomas y proporcionar comodidad y alivio al paciente. En este enfoque, las diferentes plantas están alineadas con dolencias específicas; por ejemplo, la menta ayudará con los problemas digestivos, incluyendo hinchazón, calambres y síntomas del intestino irritable (SII). Esto no tiene en cuenta ninguna información sobre el paciente, otros posibles problemas relacionados que pueda estar experimentando, o su salud en general. La medicina alopática es totalmente reduccionista: ve las partes, no a la persona.

El herbalismo espiritual adopta un enfoque más holístico. Los herbolarios espirituales te animan a encontrar las mejores plantas y hierbas que funcionen para ti. Hay docenas de hierbas diferentes que tienen un efecto calmante sobre la digestión, no sólo la menta, y hay toda una serie de razones por las que algunas serán mejores para ti que otras. Esto se debe a que los herbolarios espirituales reconocen que las plantas también tienen sus propios espíritus. Al igual que las personas, hay algunas con las que eres compatible y otras con las que no. Esto se remonta a Hipócrates y su idea de que las hierbas, y las personas, tienen diferentes cualidades, como secas, calientes, húmedas y frías. Una persona resfriada que tome una hierba fría no se sentirá mejor; en su lugar, debería buscar algo cálido y reconfortante.

Aunque la medicina alopática puede ofrecer un alivio rápido, puede acabar simplemente enmascarando los verdaderos problemas. Aquí es donde el herbalismo espiritual tiene el potencial de crear una mayor sensación de bienestar general en sus practicantes. Según Josh Williams, propietario de Greenthread Apothecary y autor de *Herbolario espiritual* (2022, p.197), "Se trata de ver a la persona como un ser completo, complejo y soberano que es más que los síntomas que presenta. Es una invitación a explorar cómo nos sentimos y lo que experimentamos a través de la lente de nuestro mayor viaje espiritual y, en última instancia, a sanar verdaderamente."

EN HONOR A LOS ESPÍRITUS DE LAS PLANTAS

La espiritualidad forma parte de la medicina curativa desde hace miles de años. Las culturas antiguas de todo el mundo creían en dioses y espíritus que velaban por nosotros y podían concedernos plegarias y deseos. Los espíritus de la Madre Naturaleza tejían su magia a través de las plantas, dándonos acceso a miles de hierbas curativas y revitalizantes. Una relación armoniosa entre las personas y la Madre Naturaleza era vital para crear un equilibrio feliz y saludable. Esto era especialmente evidente en la herboristería de los nativos americanos.

Los herboristas nativos americanos entendían que los

poderes curativos de las plantas eran regalos de la Madre Naturaleza y debían ser tratados como tales. Seleccionaban las plantas con cuidado para que las cosechas no sufrieran las consecuencias de una recolección excesiva. Utilizaban la mayor cantidad posible de cada planta, siempre con cuidado de no generar desperdicios. Los nativos americanos incluso celebraban ceremonias y rendían tributo a los espíritus de las plantas, para agradecerles su curación. Este enfoque mostraba el máximo respeto por todos los aspectos de la naturaleza y cultivaba una relación positiva entre la Tierra y las personas que vivían en ella (Kaulja, 2022).

UNAS PALABRAS SOBRE LA RECOLECCIÓN SILVESTRE

La recolección silvestre, es el proceso de recolectar hierbas que han crecido por sí solas en espacios públicos. Puede ser en la naturaleza, como un parque estatal, un bosque, un prado o un acantilado junto a la playa, o en un lugar urbano, como al costado de una carretera o un margen cubierto de hierba. La recolección de estas plantas no cultivadas puede ser una magnífica fuente de hierbas frescas, y muchas de las que se describen con detalle en este libro pueden encontrarse creciendo no muy lejos de tu hogar. Sólo debes saber dónde buscar.

Aunque la recolección silvestre parece una fuente maravillosa de medicina gratuita, hay algunas reglas que se deben seguir:

- Ten cuidado de no cultivar hierbas silvestres que puedan haber estado en contacto con pesticidas y contaminantes. En caso de duda, lávalas a fondo en una solución de agua salada, que eliminará la mayoría de las sustancias químicas.

- Cuando recolectes hierbas silvestres, recuerda que estás recolectando en un espacio público y nunca te lleves más del 10% de la cosecha. Esto no sólo permitirá que otros recolectores puedan encontrar las hierbas que necesitan, sino que también garantizará que las plantas puedan reproducirse para la temporada siguiente.

- Pide siempre permiso a las plantas antes de llevártelas y recuerda agradecer su generosidad. Verás que tus hierbas son más eficaces si las tratas con respeto.

- Por favor, evita la recolección silvestre de cualquier forma que pueda dañar las plantas que dejas atrás. Si cortas rizomas, asegúrate de dejar suficiente raíz para que la planta sobreviva. Abstente de arrancar la corteza de un árbol vivo, ya que causaría daños irreparables a los que el árbol podría no sobrevivir. Sin embargo, si sales a buscar plantas silvestres después de una tormenta, es posible que encuentres árboles y ramas caídos de forma natural de los que puedas cosechar.

CÓMO EL HERBALISMO ESPIRITUAL PUEDE ENERGIZAR TU EXISTENCIA

La vida moderna ha cambiado nuestra relación con el mundo que nos rodea, y no siempre para mejor. La naturaleza es arrasada para dejar paso a un sinfín de casas, autopistas y otras comodidades humanas. Hay algunas zonas de las ciudades en las que puedes caminar durante manzanas sin ver nada verde y vivo. ¿Cómo puedes sintonizar con la naturaleza si no la encuentras?

RECONECTAR CON LA NATURALEZA

Afortunadamente, hay medidas sencillas que podemos tomar para restablecer nuestra importante relación con la Madre Naturaleza. Cultiva tu propio espacio verde; puede ser un patio o un balcón, o si no tienes espacio exterior, puedes colocar plantas en tu casa o apartamento. Las plantas de interior aumentan el oxígeno de tu espacio, además de eliminar ciertos contaminantes que reducen la calidad del aire. Pero los mayores efectos de tener plantas en casa son emocionales y espirituales: mejoran el estado de ánimo, reducen los niveles de estrés y bajan la tensión arterial (Sociedad Real de Horticultura, s.f.).

Si te cuesta incorporar la naturaleza a tu hogar, siempre puedes viajar al parque, arboreto o espacio forestal más cercano y sumergirte de lleno en las plantas que allí crezcan. Las excursiones de campamento, aunque sea por un fin de semana, te darán tiempo de sobra para estar en comunión con los espíritus de las plantas y empezar a reforzar tu conexión con el mundo natural.

Para empezar a relacionarte con los espíritus de las plantas, tienes que utilizar todos tus sentidos. Las plantas no pueden comunicarse del mismo modo que nosotros; son mucho más sutiles. Escucha el susurro de las plantas con la brisa, siente la textura de sus hojas (¡con mucho cuidado!) y ábrete a sentir cómo sus ritmos energéticos difieren de los tuyos. Dedícales tiempo, observa los sutiles cambios de sus flores en función del tiempo y las estaciones.

ENCUENTRA A TU ALMA GEMELA DE LAS PLANTAS

Ya he mencionado cómo el herbalismo espiritual adopta un enfoque holístico, adaptando las hierbas a la persona en su totalidad en lugar de recetarlas basándose únicamente en los síntomas. Un herbolario, homeópata, maestro ayurvédico o practicante de la medicina tradicional china, puede ayudarte a encontrar tu compañera perfecta entre las hierbas analizando tu energía, constitución y necesidades físicas. Sin embargo, Sajah Popham, autor y fundador de la Escuela de Herbalismo Evolutivo, sugiere un enfoque más intuitivo. Popham insta a sus alumnos a abrir la mente y los sentidos para escuchar qué plantas les llaman. Puede que una planta en particular aparezca en tu vida de distintas maneras, como imágenes aleatorias, como regalo, como ingrediente en varias de tus comidas favoritas ¡o incluso apareciendo literalmente en tu jardín! O tal vez tengas una planta que te llame especialmente la atención y hacia la que te sientas atraído. Párate en la puerta de una floristería o en el parque y observa si tu ojo se siente atraído constantemente por una planta, especie o incluso solo un color en particular (Popham, 2016).

Otra consideración importante para los herbolarios espirituales es investigar tus raíces ancestrales. Actualmente somos un mundo multicultural, y es esclarecedor aprender de otras culturas y tradiciones y ver las diferentes formas en que las personas abordan la misma situación. Sin embargo, gran parte del poder espiritual proviene de tus antepasados, de tu clan y de sus formas de vida, que se han practicado y transmitido durante cientos de años. Esto incluye el uso de ciertas hierbas y plantas que se habrían encontrado en una parte del mundo pero no en otras. Cuando busques tu alma gemela de las plantas, es posible que descubras que las plantas que más te atraen y mejor te sientan son aquellas con las que tienes un vínculo ancestral. Por lo tanto, si estás mirando una lista de hierbas con diferentes regiones nativas, en lugar de concentrarte en cuál se supone que es la más eficaz para tus síntomas, considera la que más se ajuste a tus propios orígenes.

ENCUENTRA ESPACIO EN TU VIDA PARA SER ESPIRITUAL

Todos sabemos lo ajetreada que puede ser la vida: de hecho, la velocidad a la que nos mueve la vida moderna tiene mucho que ver con el creciente número de problemas relacionados con el estrés y la fatiga mental que padecen las personas. Entre los desplazamientos al trabajo, las reuniones, los informes, la gestión del hogar, la crianza de los hijos, el cuidado de los seres queridos y los millones de otras tareas diarias que tenemos que realizar, no parece que haya mucho espacio en la vida para bajar el ritmo y nutrir nuestro lado espiritual.

Sin embargo, dedicar aunque sólo sea unos minutos al día a estar en contacto con nuestro ser espiritual y nuestro cuerpo energético, es vital si queremos mantenernos felices y sanos. Se trata de encontrar el equilibrio adecuado y concederte tiempo para darte cuenta de cuándo las cosas no van bien antes de que provoquen posibles problemas de salud. Ya dedicas un tiempo a rituales diarios como lavarte los dientes, leer las noticias, pasear al perro, desmaquillarte, etc. Añadir a tu día un par de pequeños rituales de cinco minutos que sintonicen con tus necesidades espirituales debería ser todo lo que necesitas para permitir que ese aspecto de tu vida florezca.

LA IMPORTANCIA DE LOS RITUALES

Cuando hablo de rituales, no me refiero a una ceremonia fastuosa ni a ningún tipo de sacrificio. Un ritual es simplemente algo que haces con regularidad y de la misma manera. Si siempre lees los titulares de la prensa mientras te tomas el café, ése es tu ritual personal. Si prefieres terminar el día escuchando tu podcast favorito mientras te frotas las manos y los pies con loción, ése es otro ritual personal. Has creado intuitivamente estos rituales únicos para satisfacer tus necesidades individuales.

La forma en que quieras utilizar las hierbas y las plantas en tu rutina diaria también dependerá enteramente de ti. Todo el mundo es diferente, así que debes encontrar la mejor manera de incorporar la naturaleza en tus propios términos. No tiene sentido decirte que debes empezar el día con una taza de té de diente de león si no te gustan las bebidas calientes. En cambio, este libro pretende dotarte de los conocimientos que necesitas para tomar decisiones únicas sobre qué hierbas van a satisfacer tus necesidades espirituales. Para darte algunas ideas para empezar, en cada capítulo encontrarás algunas recetas sugeridas y una meditación guiada. Luego, en el capítulo 9, encontrarás un plan de 14 días con sugerencias para ayudarte a integrar algunas de estas maravillosas hierbas a tu rutina diaria. La idea detrás de este plan es que te servirá de punto de partida para adaptar y desarrollar tu propia rutina. Puedes sustituir alguna o todas las hierbas, recetas y actividades por otras alineadas con el mismo chakra.

EL CHAKRA RAÍZ

L os chakras se apilan a lo largo de la columna vertebral, con el chakra raíz, también conocido como chakra Muladhara, en la base. Al igual que las raíces de una planta se anclan a la tierra, el chakra raíz es el chakra de enraizamiento. Es el responsable de que te sientas equilibrado y en contacto con la realidad.

ASOCIACIONES CON EL CHAKRA RAÍZ

El chakra raíz también rige tus instintos básicos, como el deseo de sobrevivir y la necesidad de sentirte parte de una familia. También controla los deseos relacionados con el sueño, la alimentación y el sexo. Básicamente, todo lo relacionado con tu ser primordial procede del chakra raíz. Cuando este chakra está abierto y bien equilibrado, te sentirás seguro y confiado de que tus necesidades serán satisfechas. Te proporcionará abundancia de energía y un amor general por la vida.

Sin embargo, con comportamientos tan importantes asociados al chakra raíz, cualquier alteración o bloqueo puede tener graves consecuencias. Muchos problemas con el chakra raíz están causados por el miedo, por ejemplo, preocuparse por el dinero, perder el trabajo o discusiones en la familia. Todos estos cambios sacuden tu sensación de seguridad, por lo que no es de extrañar que afecten a tu chakra de la raíz.

El chakra raíz no sólo influye en tu cuerpo energético, sino que también está alineado con aspectos de tu cuerpo físico. El sistema esquelético y el sistema inmunitario están regidos por el chakra raíz. Esto tiene sentido cuando consideras que tus huesos son lo que te mantiene unido y que tu sistema inmunológico te protege: son esas necesidades básicas nuevamente. Otras partes del cuerpo asociadas con el chakra raíz son los pies, las piernas, los riñones, las glándulas suprarrenales y el sistema digestivo inferior (colon, vejiga y recto).

(*Marte*)

¿QUÉ INFLUYE EN EL CHAKRA RAÍZ?

Cada chakra no sólo dicta el flujo de energía a través de las diferentes partes de tu cuerpo, sino que también te conecta con el mundo en general a través de influencias externas. Diferentes elementos, planetas, colores, signos del zodíaco, gemas y sentidos, comparten sus poderes con los chakras y ayudan a determinar sus características y cómo pueden guiarte.

El chakra raíz está influenciado por el elemento tierra. Aporta estabilidad y realismo, ayudándote a conectar con la vida cotidiana y a sentirte seguro en tu entorno. Puedes reconectar con tu chakra raíz pasando tiempo en la naturaleza y recargándote de energía de la tierra. Camina descalzo o siéntate en el suelo para obtener el máximo beneficio. Esta afinidad con la naturaleza se ve reflejada en la relación del chakra raíz con el planeta Marte. Marte también canaliza energía para aportarte fuerza física y fuerza de convicción. Gobierna tu capacidad para tomar las decisiones correctas

en la vida, algo que puede verse afectado si tu chakra raíz
está desalineado.

(*La Luna*)

La luna creciente también influye en el chakra raíz. Es
una época de cambios positivos y de inmensa energía nueva,
y puede aportarte una nueva confianza en ti mismo.
Durante la luna creciente, tu conexión con el chakra raíz es
especialmente fuerte, por lo que es un buen momento para
invertir en tu bienestar y aportarle energía extra. Dedica
uno o dos días de cada ciclo a realizar meditaciones,
comidas y rituales específicos para cada chakra utilizando
algunas de las hierbas de este libro para que tu energía
sagrada fluya libremente.

Cada chakra tiene también una deidad gobernante, y la
deidad gobernante del chakra raíz es el dios hindú Ganesha.
Considerado el dios supremo por algunas sectas hindúes, es
ampliamente venerado y adorado por todos los seguidores
de la religión. Se cree que reside en cada persona en la base
de la columna vertebral, lo que se correlacionaría con el

chakra raíz. Desde este lugar, Ganesha puede sostener todos los demás chakras y gobernar el cuerpo energético.

CÓMO SABER SI TU CHAKRA RAÍZ NECESITA AYUDA

Cuando tu chakra raíz está bloqueado, tu energía vital no puede fluir tan eficazmente por la parte inferior de tu cuerpo. Cuando las partes de tu cuerpo que están bajo la influencia de este chakra se ven privadas de esta energía, dejarán de funcionar con normalidad.

Los signos de que tu chakra raíz está desequilibrado pueden manifestarse de las siguientes maneras:

- Sentimientos de ira, agresividad y ganas de arremeter contra los demás.
- Preocupación y obsesión por pequeños detalles, tratar de mantener el control y volverse dominante.
- Pérdida de la fuerza de voluntad o del autocontrol, incapacidad para resistirse a las tentaciones o dificultad para realizar tareas difíciles.
- Depresión, falta de energía y de concentración.
- Sentimientos de ansiedad, nerviosismo constante y dificultad para relajarse y desconectar al final del día.
- Cuando el chakra raíz está bloqueado, también puede manifestarse en forma de problemas

físicos y emocionales:

- Son frecuentes los problemas digestivos, como estreñimiento, calambres e incluso tendencia a los trastornos alimentarios o a los atracones.
- Problemas con las glándulas suprarrenales, que pueden provocar fatiga física y emocional.
- Dolor en la zona lumbar, las piernas, las rodillas, los tobillos y los pies. Un chakra raíz bloqueado también puede provocar el agravamiento de afecciones artríticas, así como la retención de líquidos y várices en las piernas.

EL USO DE HIERBAS PARA DESBLOQUEAR EL CHAKRA RAÍZ

Debido a que tus chakras existen como parte de tu cuerpo energético, no de tu cuerpo físico, necesitan conectarse espiritualmente con cualquier cosa que utilices para realinearlos o desbloquearlos. Existen numerosas hierbas de las que se dice que ayudan con problemas digestivos, dolores articulares y fatiga, pero no necesariamente serán las hierbas adecuadas para ti. Las hierbas enumeradas en este capítulo han sido especialmente seleccionadas por su afinidad natural y espiritual con el chakra raíz. Esta conexión tiene una larga tradición y procede de la sabiduría de miles de años de prácticas herbolarias.

En general, el chakra raíz se estimula comiendo alimentos picantes, verduras que han crecido bajo tierra y cualquier cosa que comparta su color influyente: el rojo. Al final de este capítulo, encontrarás sugerencias de algunas recetas que puedes utilizar para recargar tu chakra raíz, pero también puedes tomar cualquiera de las hierbas influyentes en forma de extracto, tintura, decocción o té.

SANACIÓN DEL CHAKRA RAÍZ CON LA NATURALEZA

Tu chakra raíz es el centro de tu energía terrenal y enraizada. Es el chakra más receptivo a la Madre Naturaleza y al mundo natural, lo que lo convierte en el lugar perfecto para comenzar tu viaje de curación con hierbas. Aquí he destacado algunas de las hierbas más poderosas para desbloquear y estimular tu chakra raíz. Deberías poder encontrarlas en una buena botica, tienda de alimentación, o incluso creciendo silvestres en tu propio patio trasero o jardín.

Diente de León (Taraxacum Officinale)

El diente de león es una hierba fantástica que ha sido utilizada durante siglos en la medicina herbal. Existen registros de sus cualidades medicinales ya en el siglo X. Es una planta distintiva y vivaz que se encuentra en todas partes del hemisferio norte templado. Las hojas verdes y dentadas del diente de león tienen una textura suave y sin vellos, y se ha dicho que parecen los dientes de un león. Sus flores son de color amarillo anaranjado, con una serie de pétalos largos y finos que forman una semiesfera. El diente de león se puede recolectar fácilmente en cualquier zona cubierta de hierba, incluso en la ciudad.

Crece prolífica y naturalmente como maleza y se autopropaga con facilidad. Al cultivar las plantas, conviene quitar las cabezas de las flores antes de que semillen y se reproduzcan por sí solas, ¡o tu jardín estará invadido! Las flores empiezan a aparecer a principios de verano, pero las hojas y las plantas permanecen todo el año. Es extremadamente resistente y florecerá año tras año si no se recoge.

La mejor parte del diente de león para utilizar es la raíz, que puede crecer más de 30 cm de largo en buena tierra. Hay que secar la raíz antes de cortarla, ya que así se evita que salga la savia lechosa que contiene. Esta raíz seca se puede preparar en una decocción simple o hervida en forma de té. También se puede utilizar la hoja en ensaladas, y la flor se utiliza en Inglaterra para hacer vino de diente de león.

Cuando se utiliza la raíz de diente de león en fitoterapia, lo que se busca sobre todo es extraer taraxacina, un azúcar soluble de sabor amargo, e inulina, un prebiótico insoluble y rico en almidón. Ambos están presentes en cantidades diferentes en las distintas épocas del año. Las raíces recogidas en otoño pueden contener hasta un 25% de inulina, mientras que las recogidas en primavera son ricas en taraxacina.

El diente de león es una hierba refrescante y secante que funciona bien para contrarrestar las dolencias de las personas de constitución cálida o húmeda. La raíz del diente de león se ha utilizado históricamente como diurético y para tratar diversos trastornos hepáticos. Esta versátil hierba está regida por Júpiter, lo que indica su vínculo con el hígado.

La hoja puede mejorar la función renal y urinaria. La raíz se suele tomar para mejorar la función hepática, la salud digestiva y aliviar el estreñimiento. Con la raíz del diente de león se pueden preparar tinturas, infusiones y decocciones.

Las personas alérgicas al polen deben evitar el diente de león, ya que puede provocar una reacción similar. Dado que el diente de león tiene propiedades diuréticas, si estás tomando otro medicamento diurético, debes consultar con un médico antes de tomar también diente de león. También debes consultar con tu médico antes de tomar diente de león si padeces diabetes o problemas de vesícula biliar. Las personas que toman anticoagulantes no deben tomar diente de león.

Jengibre (Zingiber Officinale)

Esta hierba tan útil no crece en estado salvaje fuera de Asia, pero puede cultivarse en invernaderos o campos donde las condiciones sean similares a las de su clima nativo. Por eso crece tan bien en lugares como Jamaica, las Antillas y el norte de África, adonde fue transportada para ser cultivada en plantaciones comerciales. El suelo debe mantenerse entre 28 y 30 °C y debe tener al menos 30 cm de profundidad para que crezcan bien las raíces. Mantén la tierra húmeda y no dejes que se seque; de lo contrario, dañarás la planta.

Si cultivas el jengibre en interior, puedes cultivarlo y cosecharlo durante todo el año. De lo contrario, tendrás que llevarlo al interior durante los meses más fríos o, al menos, asegurarte de que las raíces estén bien protegidas. El jengibre es un tipo de rizoma, lo que significa que las raíces forman sistemas de ramificación y que puedes cosechar las ramificaciones exteriores sin dañar la estructura principal.

Si lo haces con cuidado, podrás mantener viva la planta y volver a cosecharla la próxima temporada.

El jengibre es utilizado para la salud digestiva desde hace miles de años. Se menciona en escritos de Confucio, Shakespeare y Marco Polo, e incluso en el Corán. En Europa, durante la Edad Media, era la segunda especia más popular para cocinar y para uso medicinal (Banyan Botanicals, s.f.). El jengibre también es muy conocido por aliviar todo tipo de náuseas y se recomienda para combatir las náuseas matutinas y algunos de los efectos secundarios de los tratamientos de quimioterapia.

La raíz de jengibre se utiliza de distintas maneras. Se puede comprar la raíz seca o conservada en almíbar, en forma de pasta o en polvo. A menudo se añade a los platos por su sabor cálido y picante, y es popular en todo tipo de platos, desde el curry hasta los pasteles e incluso el té.

Algunos tipos de jengibre tienen flores, capullos y hojas comestibles. Pero a menos que sepas qué tipo tienes, lo más seguro será que no las pruebes. El jengibre común, del que obtenemos las raíces, sí tiene flores y hojas comestibles. No tienen un sabor tan fuerte como la raíz, pero quedan muy bien en ensaladas o como guarnición.

El jengibre está formado por más de 400 compuestos diferentes, pero el que ayuda a la digestión se llama gingerol. Acelera el proceso digestivo y evita que los alimentos permanezcan demasiado tiempo en el intestino. Es una de las hierbas más reconocidas regidas por la luna. Se sabe que esta alianza beneficia la salud digestiva, por lo que su influencia sobre el colon ayuda a mantener abierto el chakra de la raíz. Debido a su sabor picante, se podría pensar que el jengibre es una hierba caliente, pero en realidad tiene propiedades tanto de calentamiento como de enfriamiento. Tras una primera descarga de calor, acaba refrescando y nutriendo.

El jengibre es una gran hierba universal con muchos beneficios, pero hay algunas personas que deben tener cuidado al tomarlo en grandes cantidades. El jengibre puede actuar como anticoagulante, por lo que si ya estás tomando anticoagulantes o padeces algún trastorno hemorrágico, debes evitar los suplementos de jengibre si no lo has consultado antes con tu médico.

Ashwagandha (Withania Somnifera)

La ashwagandha es una hierba importante en la práctica ayurvédica debido a sus maravillosas cualidades. Es originaria de algunas regiones, como la India, Oriente Próximo y el norte de África, pero si vives en una zona templada del norte, podrás plantarla y cultivarla sin problemas. Mantén el suelo bien drenado; esta hierba está acostumbrada a condiciones secas y es capaz de sobrevivir a una temporada de sequía, por lo que no debes preocuparte por no regarla lo suficiente. Prospera en zonas soleadas con temperaturas de entre 21 °C y 35 °C (70 °F y 95 °F). Es mejor empezar a plantar a principios de primavera, porque las plantas pueden tardar varios meses en madurar. De este modo, las raíces estarán listas para cosechar en otoño.

Otros nombres de la ashwagandha incluyen cereza de invierno, debido a sus pequeñas bayas rojas, y ginseng indio, porque, como el ginseng, puede incrementar tus niveles de energía. Sin embargo, ambos nombres son un poco engañosos porque en realidad pertenece a la familia de las solanáceas. Las plantas pueden crecer hasta un metro de altura y están completamente cubiertas de unos característicos vellos plateados. Antes de fructificar, verás unas preciosas flores en forma de estrella de color amarillo y blanco. Puedes comer las bayas de ashwagandha, pero tienen un sabor muy amargo. Las mejores partes de la planta son las hojas y la raíz. A menudo se venden en forma de polvo, y puedes prepararlo tú mismo secando las partes cosechadas y triturándolas hasta convertirlas en polvo.

La forma más fácil de tomar suplementos de raíz de ashwagandha es en forma de cápsulas, pero también puedes usar el polvo para hacer un tónico, prepararlo como té o añadirlo a otro tipo de bebida caliente, como un café con leche o un chocolate caliente. Funciona bien en bebidas calientes porque es una hierba cálida. La Ashwagandha está regida por la luna y el sol, y cada cuerpo celeste contribuye a un aspecto diferente de su naturaleza: el sol estimula sus cualidades rejuvenecedoras, mientras que la luna influye en su afinidad con las emociones.

Esta versátil hierba es útil de muchas maneras diferentes. Tradicionalmente se ha utilizado como somnífero y para calmar estados nerviosos. Posee cualidades adaptógenas que han demostrado combatir los efectos de la ansiedad, el estrés y la fatiga. Aquí es donde brilla la naturaleza polifacética de la ashwagandha: no sólo puede ayudarle a dormir mejor, ¡sino que también te proporciona más energía! Se trata de una planta realmente inteligente porque siempre encuentra la mejor manera de ayudar a quien la ha tomado.

La ashwagandha trabaja con tu chakra raíz apoyando tus glándulas suprarrenales y ayudándolas a funcionar correctamente. También actúa sobre las articulaciones y la espalda, ayudando a que la fuerza vital fluya sin problemas por las partes inferiores del cuerpo. Estudios recientes (Tharakan et al., 2021) también han demostrado que la ashwagandha tiene la asombrosa capacidad de estimular el sistema inmunitario, ¡no es de extrañar que sea conocida en todo el mundo como la hierba rejuvenecedora y revitalizante por excelencia!

Si tienes una constitución cálida, puedes considerar tomar ashwagandha junto con hierbas refrescantes que contrarresten sus propiedades caloríficas. No se recomienda su consumo durante el embarazo, ya que grandes dosis pueden tener un efecto negativo en el útero. Las grandes dosis también pueden causar molestias digestivas, por lo que si tienes problemas conocidos en este ámbito, consulta con tu médico antes de tomar suplementos de ashwagandha.

CÚRCUMA (CURCUMA LONGA)

La cúrcuma, un alimento básico en la mayoría de las alacenas de cocina, se utiliza para dar sabor a muchos platos picantes. Pero también tiene otros usos y puede tomarse como suplemento o en grandes cantidades para ayudar a revitalizar el chakra raíz. La cúrcuma es originaria del sur de Asia, donde el clima es cálido, húmedo y tropical. Aunque también es un rizoma, como la ashwagandha, necesita muchos más cuidados para prosperar; la cúrcuma no tolera las sequías, por lo que debe mantenerse siempre en suelo cálido y húmedo. Fuera de su hábitat natural, es mejor cultivarla en el interior.

Cuando la cúrcuma crece bien, puede alcanzar casi un metro de altura, con largas hojas de color verde y gomosas, cada una de las cuales nace de un único tallo en el suelo.

Esta hierba produce flores pequeñas y amarillas a finales del verano. Sin embargo, la parte útil de esta planta es la raíz. La cúrcuma pertenece a la misma familia de plantas que el jengibre, y sus rizomas y raíces son muy parecidos. Puedes cosechar los rizomas cortando los dedos exteriores: esto no debería matar a la planta principal y te permitirá tener más para cosechar la temporada siguiente.

El ingrediente activo principal de la raíz de cúrcuma se llama curcumina. Muchos de los suplementos de cúrcuma que se compran en las tiendas contienen extracto de curcumina en lugar de utilizar la raíz entera. Sin embargo, al utilizar sólo una parte de la raíz, te estarás perdiendo muchas de las otras acciones beneficiosas de esta hierba. Si compras o cultivas tus propias raíces de cúrcuma, es muy fácil hacer un polvo de la hierba entera, ¡sólo tienes que secar las raíces hasta que estén quebradizas y luego ponerlas en un procesador de alimentos, licuadora o molinillo de café! Esto hará un polvo nutritivo que puedes añadir a las recetas para un impulso maravilloso a tu chakra raíz.

La cúrcuma siempre se ha utilizado como medicina antiinflamatoria, con especial influencia en las articulaciones. También ayuda al sistema inmunitario y al hígado: todos ellos están asociados al chakra de la raíz, por lo que mantener estos órganos y sistemas en buen estado contribuirá a que la energía fluya y el chakra se mantenga abierto. La cúrcuma también ayuda a mantener un sistema digestivo sano y su influencia calorífica favorece la producción de nuevas células sanguíneas.

Como muchas otras hierbas de constitución cálida, la

cúrcuma está regida por el sol. Su sabor picante y sus propiedades caloríficas hacen que aporte energía y rejuvenecimiento con su curación. Por eso se considera una hierba estimulante. Sin embargo, sus cualidades antiinflamatorias actúan en realidad enfriando las articulaciones y calmando el tejido inflamado. A diferencia de la ashwagandha, la cúrcuma no necesita tomarse con hierbas refrescantes.

La cúrcuma es una de las hierbas más seguras de tomar, especialmente cuando se utiliza en pequeñas cantidades para cocinar. Si deseas tomar mayores cantidades como suplemento, debes consultar con tu médico si padeces ciertas afecciones relacionadas con el hígado, como ictericia, hepatitis y cálculos biliares. También debes evitar la cúrcuma si tomas anticoagulantes o medicación para controlar tus plaquetas.

RECETAS Y RELAJACIÓN

¿Buscas formas de estimular tu chakra raíz? ¿Por qué no pruebas con alguna de estas recetas? Siempre puedes jugar con ellas y ajustar el sabor a tu gusto personal; sólo recuerda que añadir hierbas y verduras específicas para el chakra te aportará beneficios adicionales.

Bayas Rojas para Reforzar tu Chakra Raíz

El chakra de la raíz puede revitalizarse y nutrirse a través de la dieta. Responde especialmente bien a todo lo que sea rojo, y este batido está

repleto de frutos rojos. Las proteínas también son muy beneficiosas para este chakra, así que he utilizado leche de almendras, pero puedes utilizar cualquier otra leche si no es algo que compres habitualmente.

Necesitarás:

- 1 plátano maduro
- 2 tazas de fresas, frescas o congeladas
- 1 taza de frambuesas
- 1 taza de cerezas
- 1 ½ tazas de leche de almendras

Añade toda la fruta a tu licuadora o batidora y vierte la leche por encima. Bate hasta obtener una mezcla homogénea. Para obtener un batido más fino, utiliza menos plátano o elimínalo por completo.

SOPA CALIENTE para el Chakra de la Raíz

Esta sopa reconfortante tiene como base las hortalizas de raíz, zanahoria y chirivía, pero también se puede utilizar boniato. El producto final debe ser suave y sabroso, y las especias le darán un agradable aroma cálido. El jengibre es estupendo para tratar problemas digestivos, y la cúrcuma combate y reduce la inflamación, sobre todo en la zona lumbar y las piernas. Esta receta rinde dos porciones de buen tamaño, así que puedes compartirla con un amigo o congelarla para otro día.

Necesitarás:

- 1 cucharada de aceite
- 3 zanahorias medianas
- 1 chirivía mediana
- ½ cebolla blanca
- 15ml de jengibre rallado
- 1 cucharadita de cúrcuma
- 1 diente de ajo
- 500 ml de caldo de verduras

Corta las zanahorias, la chirivía y la cebolla y fríelas en el aceite a fuego medio durante 10 minutos. Revuelve con frecuencia para evitar que las verduras se peguen a la sartén. Añade el jengibre, la cúrcuma y el ajo y cocina durante cinco minutos más.

Agrega el caldo de verduras caliente y sube la temperatura para que la mezcla hierva. Luego, déjalo cocinar a fuego lento durante 15 minutos o hasta que las zanahorias y las chirivías estén blandas. Tritura hasta obtener una mezcla homogénea y sirve con un poco de cilantro.

Para darle un toque extra, acompaña el plato con una focaccia de romero.

. . .

Jugo de Remolacha para el Chakra ¡Insuperable!

La remolacha es uno de los mejores alimentos para reparar tu chakra raíz. No sólo es una hortaliza de raíz, por lo que aporta una maravillosa energía de enraizamiento, sino que además es de color rojo intenso: ¡dos beneficios en uno! También ayuda a bajar la presión arterial y es un buen antioxidante.

Muchas recetas de jugo de remolacha tienden a ser saladas, pero ésta está naturalmente endulzada por la sandía, otro potenciador del chakra de la raíz por su color rojo. La receta a continuación rinde aproximadamente un litro, así que asegúrate de guardar lo que sobre en el refrigerador y beberlo en un par de días.

Necesitarás:

- 1 taza de jugo de sandía
- 1 taza de agua de coco
- 1 taza de jugo de piña
- ½ taza de jugo de remolacha
- ½ taza de jugo de lima
- sal rosa del Himalaya a gusto

Mezcla y remueve bien. Para refrescarte más en verano,

mezcla el jugo con un poco de hielo para obtener un granizado helado.

MEDITACIÓN DEL CHAKRA RAÍZ

Antes de comenzar cualquier meditación, es recomendable preparar la habitación para asegurarte de que tenga una energía relajante. Elimina el desorden, apaga las luces y asegúrate de que no te interrumpan. El chakra raíz está asociado al sentido del olfato, por lo que, para mejorar la experiencia, puedes utilizar aceites esenciales en un difusor, quemador o pulverizador. Los mejores aceites esenciales para estimular el chakra raíz son el pachulí, el cedro, la canela y la mirra. Otra forma de incorporar hierbas a tu rutina de meditación es utilizar cuencos de popurrí para estimular tus sentidos. Elige flores rojas que se alineen con tu chakra raíz y añádeles gotas de aceites esenciales a medida que se desvanece el aroma natural.

Tal vez quieras realizar esta meditación en el suelo para acercarte lo más posible al elemento tierra de este chakra. Colócate en una posición cómoda, sentado o recostado, y cierra los ojos. Concéntrate en el color rojo. Imagina que a tu alrededor crecen flores rojas cuyos pétalos se abren al sol. Imagina que echas tus propias raíces, como esas flores. Siente cómo las raíces hacen que tus miembros pesen más al arrastrarlos hacia la tierra por debajo.

Mientras inspiras, imagina que extraes energía de la tierra a lo largo de estas raíces. Siente cómo la energía de la tierra se acumula en la base de tu columna vertebral. Mientras sigues respirando, atrayendo más energía de la tierra cálida, imagina que llena toda tu pelvis, se extiende por tus piernas y llega hasta los extremos de los dedos de tus pies. Dale a esta energía el color rojo y visualiza la parte inferior de tu cuerpo volviéndose roja lentamente a medida que atrae la energía de la tierra.

Termina la meditación entonando la sílaba *lam* en las cinco últimas exhalaciones. Luego, comienza a mover lentamente los dedos de las manos y de los pies, los brazos y las piernas. Finalmente, abre los ojos.

✿ 2 ✿

EL CHAKRA SACRO

Justo encima del chakra raíz está el chakra sacro o chakra Svadhisthana. Se encuentra a unos 5 cm por debajo del ombligo, y su ubicación es importante porque se encuentra en el centro de los órganos y energías sobre los que influye. El chakra sacro suele estar relacionado con el placer y la satisfacción sexual, pero esto es sólo la punta del iceberg.

ASOCIACIONES CON EL CHAKRA SACRO

El chakra sacro es la raíz de tus emociones. Aquí es donde se desarrollan tus sentimientos, pero también donde se utilizan para alimentar tu creatividad y tu pasión. La energía que fluye a través del chakra sacro añade sabor y color a tu vida, permitiéndote sentirte emocionado, alegre e inspirado.

Cuando la gente asocia el chakra sacro con la pasión, suele pensar en la pasión sexual, pero ése es sólo uno de sus aspectos. Sí, el chakra sacro tiene que ver con el placer, y tu sexualidad, sensualidad e incluso tu autoestima, se ven profundamente afectadas por su influencia, pero también es responsable de darte una pasión general por la vida. Gran parte de tu identidad y de la imagen que tienes de ti mismo también están arraigadas aquí, ¿y por qué no iban a estarlo? Tus pasiones y emociones dan lugar a tu expresión individual, que es única para ti.

Como todos los chakras, el sacro también está asociado a algunas partes físicas del cuerpo, no sólo a la parte emocional y espiritual. Debido a su posición en la parte inferior del abdomen, no te sorprenderá saber que el chakra sacro tiene una fuerte influencia en los órganos cercanos, incluidos los riñones, la vejiga y la parte superior de los intestinos. También estimula y regula los órganos sexuales y los fluidos corporales, incluyendo tu sangre.

¿QUÉ INFLUENCIA AL CHAKRA SACRO?

El elemento del chakra sacro es el agua -después de todo, influye en los fluidos corporales- y esto se refleja en la forma en que estimula el flujo de las emociones y la creatividad. Cuando el chakra está equilibrado, debería resultarte fácil expresar tus ideas y sentimientos, pero si no lo está, podrías encontrarte con un caso de bloqueo del escritor o fluctuando salvajemente entre diferentes emociones. Puedes utilizar esta conexión con el agua para equilibrar tu chakra sacro: recuéstate en una habitación a oscuras y escucha sonidos del mar o de lluvia, o medita junto a una fuente, un estanque u otro elemento en el que fluya el agua.

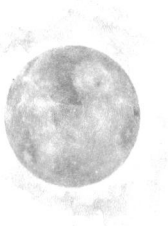

(*Mercurio*)

El planeta que ejerce su influencia sobre el chakra sacro es Mercurio. Mercurio es un planeta muy cerebral con fuertes vínculos con la comunicación. Estimula tu capacidad para pensar en los problemas, tomar decisiones claras y evaluar todos los resultados posibles. Mercurio también influye mucho en las artes y puede aumentar tu creatividad.

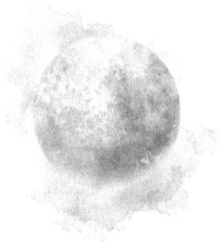

(*La Luna*)

Otro cuerpo celeste con el que puedes sintonizar es la Luna. La órbita de la Luna provoca el flujo y reflujo de los océanos, moviendo grandes masas de agua con la fuerza de su gravedad. Dado que el chakra sacro está asociado con el agua y es responsable del bienestar de los fluidos dentro de tu propio cuerpo, su conexión con la luna es poderosa. Puedes maximizar los beneficios de esta conexión prestando atención a los ciclos de la luna y pensando en cómo las diferentes fases reflejan el flujo de tu propia energía espiritual. Dedica más tiempo a descansar durante la luna nueva y la luna llena, y vive los periodos de cambio que se producen durante la luna menguante y la luna creciente.

Tu chakra sacro también está influenciado por la diosa hindú Parvati, también conocida como Uma. Es la diosa del amor, la devoción y la fertilidad, por lo que no es de extrañar que vigile el chakra que rige los órganos reproductores y los deseos sexuales. A Parvati se la suele representar como amable, gentil y maternal; exactamente el tipo de espíritu que quieres como guardián de tus emociones.

CÓMO SABER SI TU CHAKRA SACRO NECESITA AYUDA

Tu chakra sacro es brillante e inspirador, por lo que cuando está bloqueado o desequilibrado, puedes sentir que parte de la luz ha abandonado tu vida. Este chakra está fuertemente influenciado por el color naranja, un color que a menudo se asocia con sentimientos de entusiasmo, optimismo y deseo de ser creativo. Cuando la energía vital no puede fluir correctamente a través del chakra sacro, pueden producirse arrebatos emocionales y letargo general.

Otras formas de saber que tu chakra sacro no funciona correctamente son las siguientes:

- Te resulta difícil mantener el autocontrol en circunstancias en las que deseas algo desesperadamente. Esto puede dar lugar a fuertes impulsos a los que te sientes incapaz de resistirte. Puede empezar como algo aparentemente inocuo, como comer y beber demasiado, ver la televisión compulsivamente o no poder dejar un videojuego, pero también puede llegar a incluir el abuso de sustancias o la infidelidad.
- Sentimientos constantes de culpa e inadecuación que hacen estragos en la confianza en ti mismo. Esto puede llevar a comportamientos autodestructivos, como negarte a reconocer tus éxitos y negarte a ti mismo cualquier cosa de la que disfrutes. Esto incluye a menudo ser frío o reservado con respecto a tu sexualidad y no aceptar que una vida sexual sana es normal y gratificante.
- El chakra sacro gestiona tus emociones, y su bloqueo puede significar que tus emociones ya no estén bajo control. Los arrebatos inesperados o los cambios bruscos de emociones (excitación en un momento y enfado al siguiente) suelen

indicar que la energía vital no está alimentando este chakra.

- Recuerda que el chakra sacro también influye en ciertas partes del cuerpo y, cuando está bloqueado, se manifiesta con síntomas físicos. Estos incluyen:

- Ser propenso a infecciones de vejiga, casos recurrentes de cistitis e incontinencia.

- Problemas de infertilidad. Puede tratarse de problemas diagnosticables, como un recuento bajo de espermatozoides o el síndrome de ovario poliquístico, o simplemente pueden manifestarse como problemas no identificados para quedarse embarazada o tardar más de lo esperado en concebir.

- Mayor sensibilidad a los cambios hormonales durante el ciclo menstrual. El bloqueo de la energía sacra puede hacer que experimentes fuertes síntomas del síndrome premenstrual, como calambres, náuseas, sudores nocturnos y arrebatos emocionales.

- Problemas renales, como infecciones y cálculos renales recurrentes. Si los riñones no funcionan correctamente, pueden afectar a la frecuencia con la que orinas, hacerte sentir débil y quitarte el apetito.

EL USO DE HIERBAS PARA DESBLOQUEAR TU CHAKRA SACRO

Comer alimentos de color naranja es una forma realmente eficaz de empezar a recargar y desbloquear tu chakra sacro en general. Los boniatos, las calabazas, los mangos, las naranjas y las papayas son doblemente eficaces porque también son jugosos, lo que significa que no sólo estás obteniendo los beneficios de los alimentos de color naranja, sino que también estás conectando con el elemento agua.

Debido a que un chakra sacro bloqueado puede manifestarse de diferentes maneras, es posible que desees elegir las hierbas adecuadas para ayudar en lugar de buscar una solución genérica. Se ha demostrado que algunas hierbas estimulan distintas zonas del cuerpo, pero recuerda que el herbalismo espiritual reconoce que no todos los espíritus de las plantas son compatibles con todas las personas. Lo que funciona para una persona puede no ayudar a otra, así que asegúrate de buscar la combinación espiritual adecuada para ti, así como la hierba que aliviará tus síntomas. Es posible que cierta hierba te llame la atención: escucha lo que los espíritus de las plantas intentan comunicarte, porque esa hierba puede ser la que potencie tu chakra sacro.

HIERBAS PARA EL SISTEMA REPRODUCTIVO

Si necesitas una prueba más de lo valiosa que es nuestra relación con las plantas, no busques más allá de los fitoestrógenos. Se trata de sustancias químicas presentes de forma natural en una serie de plantas que imitan a la hormona animal estrógeno y pueden afectar a nuestro organismo de la misma manera. Si tienes niveles bajos de estrógenos, es posible que sufras menstruaciones irregulares o interrumpi-

(*La Baya del Árbol Casto*)

das, falta de deseo sexual, dolores de cabeza, aumento de peso y fatiga. Tomar hierbas que tienen una alta concentración de fitoestrógenos puede contrarrestar algunos de estos problemas porque tu cuerpo reaccionará a ellas de la misma manera que lo haría a un aumento en tus niveles natu-

rales de estrógeno (White, 2017). Las hierbas recomendadas incluyen la baya del árbol casto, el trébol rojo y viburno "bola de nieve".

HIERBAS PARA AUMENTAR LA LIBIDO

Las plantas y los hongos adaptó-genos trabajan con tu cuerpo para ayudar a combatir los efectos negativos del estrés. Estos pueden ser emocionales o

(*La Raíz de Maca*)

físicos. Los adaptógenos actúan restaurando el estado natural del cuerpo, como si se restablecieran los ajustes de fábrica. La raíz de maca es un adaptógeno increíble. Crece en la cordillera de los Andes y actúa como afrodisíaco natural, además de ayudar a mantener tu sistema reproductor en buen estado. Se han realizado pequeños estudios que demuestran que aumenta la calidad del esperma (Gonzales, 2012) y que la raíz de maca puede ayudar a combatir la pérdida de libido tras la menopausia (Brooks et al., 2008).

(*Trébol Rojo*)

HIERBAS PARA CONECTAR CON TU SENSUALIDAD

No todas las disfunciones sexuales tienen su origen en problemas físicos. Los traumas que sufrimos, ya sean físicos o emocionales, pueden provocar que nos retraigamos de este aspecto de nosotros mismos. El estrés, la fatiga y la depresión, disminuyen el apetito sexual y, a su vez, pueden provocar sentimientos de culpa e inadecuación al preguntarte: ¿qué me pasa? Los afrodisíacos a base de plantas pueden ayudarte a reconectar con tu sexualidad minimizando algunas de estas ansiedades. Por ejemplo, el espino blanco cura los corazones rotos, mientras que la kava favorece la apertura y ayuda a calmar las inhibiciones. Otros, como la raíz de maca y la damiana, estimulan los órganos sexuales, aumentan el flujo sanguíneo y regulan las hormonas sexuales.

SANACIÓN DEL CHAKRA SACRO CON LA NATURALEZA

El chakra sacro es la raíz de tu creatividad, pasión y disfrute de la vida, por lo que es uno de los más importantes para mantener el equilibrio. Debido a su conexión con el agua, responde bien a las hierbas en infusiones o tinturas. Ya he mencionado algunas hierbas que se pueden utilizar para tratar problemas específicos, pero las siguientes hierbas se pueden utilizar de forma más alopática para tratar el propio chakra sacro. Algunas están disponibles en el supermercado; otras las encontrarás en una buena botica o herboristería. Incluso puedes intentar cultivar algunas tú mismo.

DAMIANA (TURNERA DIFFUSA)

La damiana es un arbusto alto y florido originario de México, pero que también se encuentra en América Central, el Caribe y el estado de Texas. Sus pequeñas flores amarillas contrastan con sus hojas verde oscuro, lo que la hace muy característica. Florece en verano y las flores se convierten en frutos en otoño. Aunque los frutos son comestibles, de hecho, saben deliciosos y dulces y a menudo se comparan con los higos, son las hojas de la planta damiana las que se recolectan para uso medicinal.

Como crece en un clima cálido, si quieres cultivar tus propias plantas de damiana, tendrás que mantenerlas en un entorno cálido y húmedo. Aunque el arbusto puede crecer hasta 1,80 m de altura, no es necesario esperar tanto y se pueden empezar a cosechar las hojas de las plántulas una vez que alcancen unos 15 cm de altura.

Las hojas y el tallo formaban parte de las ceremonias religiosas tradicionales del pueblo guaycura, quienes luego intercambiaron sus conocimientos con los mayas y los aztecas, que empezaron a utilizar tónicos de damiana como revitalizante general y afrodisíaco. Las hojas se secan y se pulverizan o se muelen para preparar un té. Beber té de damiana es una forma popular de absorber los beneficios de esta hierba estimulante.

Se han identificado y extraído varios compuestos químicos de la damiana, entre ellos varios flavonoides como la pinocembrina. La sustancia química que confiere a esta hierba su cualidad relajante es la apigenina, y es este compuesto, que alivia el estrés, el que puede tener un efecto afrodisíaco.

Como era de esperar, la damiana está influenciada por el planeta Venus, regente de la alegría, el amor, la pasión y la reproducción. Esto le confiere una conexión increíblemente fuerte con tu chakra sacro y tu deseo de vivir y amar. La damiana es una hierba seca y cálida, así que asegúrate de combinarla con líquidos adicionales o de tomarla en su forma líquida. No querrás arriesgarte a alterar el equilibrio de fluidos de tu chakra sacro.

La damiana posee varias cualidades curativas que la hacen popular entre los herbolarios. La damiana es un popular antidepresivo y ansiolítico debido a su capacidad para ayudar a relajarte. Posee algunas cualidades psicotrópicas suaves que ayudan a las personas a entrar en un estado de calma, olvidar lo que las estresa e incluso despojarse de algunas inhibiciones. A menudo se utiliza como afrodisíaco para la salud sexual masculina por esta misma razón, ya que estos efectos pueden reducir los problemas asociados con la consecución y el mantenimiento de una erección. En las mujeres, ayuda a aliviar algunos de los síntomas negativos de la menopausia.

Aunque tiene muchos usos, la damiana también tiene una serie de posibles efectos secundarios y contraindicaciones que hacen que no sea adecuada para todo el mundo. No debes tomar damiana si estás embarazada o en periodo de lactancia; de hecho, las mujeres deben tener cuidado al tomarla a menos que sepan que tienen un desequilibrio hormonal, ya que aumenta la testosterona. También debes evitarla si tienes un nivel bajo de azúcar en sangre, ya que podría hacerte sentir excesivamente cansado.

Hibisco (Hibiscus Sabdariffa)

Las flores del hibisco se reconocen al instante por sus grandes pétalos rojos y su largo estigma prominente. Es nativo de África, originario de Angola y extendido hacia el norte a otras zonas de África y Asia, como Egipto, Sudán, China y Tailandia. También se cultiva en zonas de Centroamérica y México, y si quieres probar cultivarla en casa, necesitarás un clima cálido similar en algún lugar del interior. Las flores se cosechan durante el invierno, normalmente de octubre a marzo, y se secan para producir los ingredientes del delicioso té de hibisco.

Aunque se utiliza toda la flor, la parte más beneficiosa son los cálices o sépalos, la parte que protege la flor cuando aún está en capullo. Estos cálices son especialmente ricos en compuestos antioxidantes llamados polifenoles y antocianinas. Las antocianinas son también un potente antiinflamatorio, por lo que el hibisco es doblemente beneficioso.

Sus cualidades reconstituyentes son conocidas en todo el mundo desde hace miles de años. Tradicionalmente, el hibisco ha sido utilizado como tónico para ayudar a mantener niveles normales de presión arterial, colesterol, temperatura corporal, peso corporal y circulación. También se ha utilizado externamente como pomada o crema tópica. Esto se debe a que el hibisco nutre la piel y ayuda a aclarar el cutis. El hibisco también se ha utilizado como mascarilla para nutrir y devolver la salud al cabello, revitalizándolo y favoreciendo su crecimiento más grueso y sano.

Debido a sus cualidades antiinflamatorias, no te sorprenderá saber que el hibisco se considera una hierba refrescante. Beberlo como té caliente puede ayudar a equilibrar este efecto si ya tienes una constitución fría. Si tienes una constitución caliente, el hibisco es una hierba excelente para alejar el exceso de calor del cuerpo y puede ser beneficioso como tónico diario. El hibisco es otra hierba que trabaja bajo la correspondencia planetaria de Venus, atrayendo energía curativa para tus riñones y sistema reproductivo y apuntando a las responsabilidades de tu chakra sacro.

El hibisco se sigue utilizando hoy en día como tónico general, pero los científicos también han descubierto que esta hierba posee increíbles propiedades anticancerígenas. No sólo puede ralentizar el crecimiento de las células cancerosas, sino que en realidad impide que algunos tipos de cáncer se propaguen.

El hibisco es una poderosa hierba con poderes curativos mágicos para contrarrestar una serie de afecciones y desequilibrios en todo el cuerpo. Es particularmente eficaz para recargar el chakra sacro debido a su fuerte alineación con el sistema reproductivo, los riñones y el sistema circulatorio. También es una hierba extremadamente segura con muy pocos efectos secundarios. Las personas que toman medicación para la diabetes o la hipertensión deben consultar a su médico antes de tomar hibisco, pero todos los demás podrán disfrutar libremente de sus beneficios.

CANELA (*CINNAMOMUM ZEYLANCIUM*)

La mayoría de la gente está familiarizada con la canela porque es un ingrediente habitual en la repostería, desde la tarta de manzana hasta las sopas especiadas. Incluso es posible que ahora mismo tengas canela en rama comprada en la tienda, en la alacena de tu casa. La planta es originaria de Sri Lanka, una pequeña isla de la costa sur de la India, pero también se cultiva en el Caribe, Brasil, la India y algunas islas del Pacífico Sur.

El árbol de la canela crece en la arena y necesita mucha lluvia y calor, por lo que es muy difícil cultivarlo en casa, pero los cultivadores comerciales lo cultivan en grandes cantidades. Los árboles tienen hojas grandes, brillantes y verdes, con pequeñas flores blancas salpicadas al final de sus ramas. Éstas acaban convirtiéndose en bayas azuladas de sabor similar al de las bayas de enebro. Pero la parte del árbol que se cosecha como especia y se utiliza por sus cualidades medicinales es la corteza propiamente dicha. No la dura corteza exterior, sino las capas interiores más jóvenes de los brotes más pequeños.

Teniendo en cuenta dónde y cómo crece, no es de extrañar que la canela esté regida por el sol. Las hierbas solares desempeñan un papel importante en el mantenimiento de la circulación y los vasos sanguíneos, pero también tienen beneficios emocionales: las hierbas solares te ayudan a encontrar tu ritmo y tu flujo natural y trabajan mucho con tu sentido del yo. La canela también es una hierba cálida y seca, por lo que a menudo se añade a las comidas calientes para darles un toque de calor picante. Cuando calienta el cuerpo, ayuda a mejorar el flujo sanguíneo, templando y energizando tu sistema circulatorio.

Tradicionalmente, la canela se ha utilizado como aceite en ceremonias religiosas. Incluso se menciona en la Biblia. Su olor cálido y especiado es tan característico que los egipcios la utilizaban en sus rituales de momificación para conservar los cuerpos y disimular su olor. Aunque actualmente la canela es fácil de conseguir, antes era tan preciada que muy pocos podían permitírsela.

La canela tiene unas increíbles propiedades antimicrobianas, por lo que es ideal para combatir infecciones o cualquier tipo de ataque bacteriano o vírico, como el resfriado común o la gripe invernal. Si añades canela al té, al café o al chocolate caliente, no sólo alegrarás tu paladar, sino que también reforzarás tu sistema inmunitario cuando esté en apuros.

¿Te has preguntado alguna vez por qué hay tantos postres y productos de repostería con canela? Esta hierba es estupenda para la digestión porque calma la hinchazón y los calambres, así que es la forma perfecta de terminar una comida. Incluso sirve para los dolores menstruales, otra buena excusa para añadirla a tu cacao caliente.

La canela es segura en dosis moderadas o altas, pero puede provocar efectos secundarios si se toma en exceso. No se recomienda en dosis medicinales si estás tomando anti-coagulantes, durante el embarazo o si eres propenso a las úlceras de estómago.

SHATAVARI (ASPARAGUS RACEMOSUS)

El nombre shatavari se traduce como "que tiene cien

raíces", y es una gran descripción de lo que ocurre bajo la superficie de esta planta frondosa. Aunque se parece un poco a una zanahoria silvestre en la superficie -hojas largas, finas y tenues y florecillas blancas-, bajo tierra produce una red de raíces en forma de dedos.

El shatavari crece en estado silvestre en la India y otras zonas de Asia de clima tropical, pero en realidad es muy resistente y crece en diversas condiciones. Cuanto mejor sea la calidad del suelo, mejor sistema radicular desarrollará, por lo que conviene eliminar el mayor número posible de rocas y piedras antes de sembrar. Las plantas crecen lentamente y se cosechan mejor al cabo de 18 meses como mínimo. Cuando estés listo para desenterrarlas, ten cuidado de no perforar ni dañar las raíces, ya que es la mejor parte de la hierba. Puedes lavar y pelar la capa exterior de la raíz, lo que permitirá que el interior se seque rápidamente, para poder molerlo y utilizarlo.

El shatavari es una hierba adaptógena, lo que significa que es excelente para ayudar al cuerpo a recuperarse de los efectos del estrés. Las investigaciones modernas también han demostrado que el shatavari tiene cualidades antiinflamatorias y antioxidantes porque contiene grandes cantidades de racemofuran y saponinas. Esta propiedad antiinflamatoria significa que es una buena hierba para el resfriado, por lo que si eres de constitución fría, debes tomarla con moderación.

La medicina ayurvédica lleva miles de años utilizando el shatavari como tónico rejuvenecedor del aparato reproductor femenino. Se suponía que ayudaba a proteger contra los efectos de los cambios hormonales, como la menopausia. Los médicos también prescribían shatavari como tónico para la sangre, con la esperanza de combatir distintos trastornos e insuficiencias.

Hoy en día, el shatavari se utiliza con diversos fines, no sólo para equilibrar y restaurar el sistema reproductor. También actúa como tónico general, estimulando y reforzando el sistema digestivo e inmunitario y elevando los niveles de energía. Dado que el shatavari es una hierba refrescante, tiene un efecto calmante maravillosamente suave en el cuerpo, que puede ser particularmente útil en caso de un chakra sacro sobreestimulado.

El shatavari se ha utilizado durante tanto tiempo porque causa muy pocos problemas y efectos secundarios, lo que la convierte en una hierba verdaderamente universal que puede beneficiar a todo el mundo. Aunque los médicos ayurvédicos sostienen que su uso es seguro durante el embarazo o la lactancia, no se han realizado suficientes investigaciones sobre su uso en estas situaciones, por lo que sería mejor evitarlo. Dado que el shatavari pertenece a la familia de los espárragos, las personas alérgicas a los espárragos deberían evitarlo. No tomes shatavari con otras hierbas diuréticas o medicamentos, ya que puede tener un efecto similar, y no querrás terminar duplicando accidentalmente tu dosis.

RECETAS Y RELAJACIÓN

Como el elemento de tu chakra sacro es el agua, estas recetas utilizan mucho líquido. Tu chakra sacro aporta mucha fluidez a tu vida, además de inspirar tu naturaleza creativa. Ambas son cualidades que te animan a jugar y a hacer cambios que se adapten a ti, y eso es exactamente lo que quiero animarte a hacer con estas recetas. Cambia los ingredientes que no te gusten y sustitúyelos por otros que sean de tu agrado; sólo recuerda utilizar hierbas, frutas y verduras que estén en sintonía con tu chakra sacro.

TÉ DE HIBISCO

Puedes beber este magnífico té rojo caliente o frío, endulzado o natural; es realmente versátil y no hay una forma que sea la "correcta".

Necesitarás:

- 1 taza de flores secas de hibisco, o 4 tazas de flores frescas
- 2 litros de agua

Simplemente vierte las flores en una jarra grande y añade agua fría. Se hará una deliciosa infusión fría que deberá reposar toda la noche en el frigorífico. Una vez hecho, se conservará hasta cinco días, así que puedes tomarte tu tiempo para disfrutarlo.

Si prefieres el té de hibisco caliente, pon 2 cucharaditas de flores secas en una taza y vierte sobre ellas el agua recién hervida.

El té de hibisco tiene un sabor ligeramente ácido o amargo que a algunas personas les gusta y a otras no. Puedes añadir el edulcorante que prefieras para equilibrar su sabor.

Algunas opciones son:

- miel
- jugo de mango
- jarabe de arce
- jarabe de agave
- jugo de fresas
- granada

Para dar un impulso extra a tu chakra sacro, prueba añadir una ramita de canela o un chorrito de jugo de naranja natural.

Batido **Energizante del Chakra Sacro**

Las frutas jugosas y anaranjadas con un alto contenido en agua son exactamente lo que tu chakra sacro necesita para una buena puesta a punto, y este batido está lleno de ellas. Por supuesto, puedes mezclar y combinar con otras frutas, como el maracuyá, la naranja, el pomelo y los melocotones.

Necesitarás:

- un plátano
- 1 taza de mango congelado
- 1 taza de papaya fresca o congelada
- ½ taza de frambuesas congeladas
- una pizca de canela
- leche de almendras o un yogur de frutas

Licúa todos los ingredientes sólidos junto con la canela. Cuando todo tenga una consistencia homogénea, añade la leche o el yogur para diluirlo. Si prefieres una versión más cremosa de este batido, puedes mezclarlo con yogur helado.

Sopa **Potenciadora del Chakra Sacro**

Esta sustanciosa sopa está repleta de verduras curativas color naranja y especias calientes que te ayudarán a abrir tu chakra sacro y a mantener tu energía vital fluyendo libremente. Además, es deliciosa. La receta de aquí abajo rinde cuatro porciones, así que también puedes darle un empujoncito a tus amigos.

Necesitarás:

- 1 cucharada de aceite de coco
- 4 dientes de ajo en rodajas
- 1 cebolla blanca picada
- 1 boniato grande, pelado y picado
- 4 zanahorias peladas y troceadas
- 800 g de calabaza, pelada y picada
- 1,5 l de caldo
- 1 cucharada de pimentón
- 1 cucharada de comino

Calienta el aceite de coco en una cacerola grande. Añade el ajo y la cebolla y sofríe hasta que se ablanden. Añade las zanahorias, el boniato y la calabaza y remueve. Espolvorea las especias y mezcla bien. Pasados unos minutos, vierte el caldo y llévalo todo a ebullición. A continuación reduce el fuego y déjalo cocer a fuego lento. Luego vierte el contenido en una batidora y bátelo hasta obtener una mezcla homogénea. Sírvelo inmediatamente, adornado con un poco de tomillo y un chorrito de aceite de oliva.

MEDITACIÓN DEL CHAKRA SACRO

Asegúrate de tener un lugar tranquilo y silencioso donde puedas realizar esta meditación sin interrupciones. Apaga el teléfono, corre las cortinas y atenúa las luces. Dado que el chakra sacro está en sintonía con el elemento agua, puedes realizar esta meditación al aire libre junto a un estanque o fuente de agua para añadir energía espiritual. Otra opción es poner de fondo una banda sonora con sonidos del océano o de la lluvia. También puedes quemar unas varitas de incienso de canela para utilizar tu sentido del olfato en el proceso de curación. Otra opción es mezclar en un tazón popurrí de hibisco seco, pétalos de rosa anaranjada y trocitos de canela.

Es importante concentrar la energía en el chakra sacro, así que busca una postura en la que las caderas queden ligeramente por encima de las rodillas. Una buena forma de hacerlo es sentándote en el suelo con las piernas cruzadas y colocando un par de almohadas o toallas enrolladas bajo las nalgas. Mueve la pelvis hacia delante y hacia atrás para aflojarla antes de volver a la posición neutral.

Cierra los ojos e imagina una hermosa puesta de sol en el océano. El resplandeciente sol anaranjado empieza a ocultarse en el horizonte mientras las olas rompen suavemente contra la orilla. Concéntrate en las olas e intenta alinear tu respiración con su movimiento: inspira cuando las olas suban por la arena y exhala cuando vuelvan al océano. Puedes utilizar la técnica yóguica de la respiración ujjayi (inspiración y espiración nasal con los labios cerrados, imitando el sonido de las olas del mar con la garganta contraída) para imitar el sonido de las olas. Es una forma estupenda de liberar el estrés y la tensión del cuerpo. Imagina que cualquier rigidez o tensión es arrastrada mar adentro y llevada lejos.

En las últimas cinco exhalaciones, canta la sílaba *vam*. Abre lentamente los ojos y estira las piernas hacia delante. Deja que el flujo sanguíneo se estabilice antes de levantarte, o es posible que te sientas un poco mareado.

3

EL CHAKRA DEL PLEXO SOLAR

El tercer chakra, el chakra del plexo solar o Manipura, se encuentra cerca del centro literal del cuerpo. Por encima del ombligo y por debajo del esternón, habita el espacio que rodea el estómago y el hígado, dos órganos sobre los que ejerce una gran influencia.

A medida que los chakras ascienden por el cuerpo, empiezan a ocuparse menos de los elementos puramente físicos del ser y, en cambio, influyen más no sólo en la propia energía espiritual, sino también en la forma de conectar con la energía que nos rodea.

ASOCIACIONES CON EL CHAKRA DEL PLEXO SOLAR

El chakra del plexo solar contiene la esencia misma de tu ser. La energía que pasa a través de él potencia tu sentido del yo y dicta cómo te ves adecuándote al mundo. Si este chakra funciona correctamente, te sentirás seguro de ti mismo y motivado. Serás consciente de tu propósito en la vida y sabrás cómo esforzarte para conseguirlo. También serás consciente de cómo puedes crecer, tanto emocional como espiritualmente, y serás capaz de fijarte objetivos y límites claros para asegurarte de que puedes alcanzar esta elevada conciencia.

Otra cualidad importante asociada al chakra del plexo solar, es que es el centro de la intuición, es decir, de las corazonadas. Cuando tienes una corazonada sobre algo o sientes un deseo inexplicable de rechazar una oferta, estás escuchando la sabiduría de este chakra. Ser la sede de tu ser verdadero y de tus verdaderos deseos, también significa que es la sede de la sabiduría individual, de las decisiones que son mejores para ti. Si estás en sintonía con este chakra, no puedes equivocarte en la vida.

La idea de transformación se corresponde fuertemente con las acciones de este chakra, tanto física como espiritualmente. Por un lado, el chakra del plexo solar te anima a crecer hasta convertirte en la mejor versión de ti mismo, a transformarte de materia y energía en un ser plenamente realizado. Por otro lado, es responsable de algunos de los principales órganos corporales que transforman los alimentos en energía: el estómago, los riñones y el hígado.

El chakra del plexo solar es el último chakra que se corresponde con la luna creciente, otro ejemplo del vínculo de este chakra con la transformación. La luna creciente está muy cargada de energía y simboliza el nuevo desarrollo y el surgimiento de la luz a partir de la oscuridad. Te anima a despojarte de tus miedos y a desarrollar tu potencial, para que te des cuenta de todo lo que eres capaz de hacer.

¿CUÁLES SON LOS FACTORES QUE INFLUYEN EN EL CHAKRA DEL PLEXO SOLAR?

El color asociado a este chakra es el amarillo, que simboliza la alegría, el valor y la energía de la juventud. Este color brillante está lleno de energía positiva y tiene un efecto estimulante y energizante en tu cuerpo energético. El chakra del plexo solar también está asociado con el elemento fuego, otra forma importante de energía. Esta energía de fuego ilumina el sistema digestivo, aunque en exceso puede tener un efecto adverso, causando inflamación e indigestión. El fuego puede ser un elemento difícil de controlar, por eso hay tantos tónicos y tinturas herbales diseñados para regular tu sistema digestivo. Al final de este capítulo he incluido algunos que pueden ayudarte a mantener en equilibrio este elemento de tu chakra del plexo solar.

(El Sol)

El chakra del plexo solar está regido por el sol, otra gran fuente de energía ardiente. El sol es el centro de nuestro sistema solar, y tu chakra del plexo solar se hace eco de ello no sólo siendo el centro de tu cuerpo, sino influyendo en el núcleo de tu ser: tu identidad o tu ego. Otra guardiana del chakra del plexo solar es la diosa hindú Lakshmi. Es la diosa de la riqueza y la fortuna, y cuando se combina con tu chakra del plexo solar, esto se interpreta como riqueza espiritual y emocional más que física.

El sentido asociado al chakra del plexo solar es la vista, por lo que extrae energía curativa de la cromoterapia, así como de las hierbas que tomas. Por esta razón, cuando quieras trabajar para desbloquear o fortalecer este chakra, siempre es buena idea tener a mano plantas amarillas. Los narcisos y los tulipanes amarillos funcionan de maravilla porque ambos simbolizan la transición entre el invierno y la primavera, y encarnan espiritualmente la energía pura de la transformación. Tener estas plantas en casa también levanta el ánimo y anima, ya que sus brillantes colores son capaces de arrancar una sonrisa en cualquier momento del día.

CÓMO SABER SI TU CHAKRA DEL PLEXO SOLAR NECESITA AYUDA

Tu chakra del plexo solar contiene la clave de tu personalidad e identidad; si algo va mal, se manifestará en comportamientos negativos y falta de confianza. Un desequilibrio aquí permitirá que el miedo se filtre en tu núcleo espiritual, y eso puede conducir a la duda y al bloqueo de la comunicación entre tu cerebro y tu instinto. ¿Recuerdas esos sentimientos viscerales de los que hablamos antes? Son una parte crucial de tu conciencia espiritual y te permiten experimentar el mundo a un nivel diferente del de tus pensamientos conscientes. Cuando dejas de escucharlos o dejas de confiar en ellos, se daña tu conexión con el universo.

Otros signos de un chakra desequilibrado incluyen:

- Volverse agresivo y controlador. Las personas con un chakra del plexo solar sobreactivado tienen demasiada energía de fuego alimentando su ego, y pueden volverse exigentes y tratar de imponer su voluntad al universo y a los demás.

- No piensan en los demás, culpan a otros cuando las cosas van mal y se niegan a aceptar responsabilidades. Este chakra te ayuda a comprender tu lugar en el mundo y, cuando no funciona correctamente, puedes perderlo de vista. Alguien que está desconectado espiritualmente sólo es capaz de verse a sí mismo, y esto se refleja en su comportamiento egoísta y egocéntrico.

- Comportamiento de búsqueda de aprobación y falta de fuerza de voluntad. Si tu chakra está bloqueado y eres incapaz de conectar con el flujo de energía del universo, puedes acabar sintiéndote aislado y solo. Esto te hace demasiado dependiente de las opiniones de los demás para encontrar tu lugar, y puedes dejarte llevar fácilmente por sus deseos en lugar de los tuyos.

- Si el flujo de energía a través del chakra del plexo solar está bloqueado o perturbado, también puede causar problemas físicos en los órganos y sistemas alineados con este chakra.

- Los trastornos digestivos son comunes con un chakra bloqueado. La energía que fluye por el estómago, el hígado y los riñones limpia las impurezas emocionales y, si éstas se acumulan, pueden causar irritación e inflamación, lo que a menudo provoca indigestión, úlceras de estómago y gases retenidos.

- El hígado retiene mucha ira y amargura reprimidas. Sin la energía limpiadora de un chakra bien equilibrado, estas emociones pueden acumularse y manifestarse como enfermedades hepáticas.

MEJORA TU SISTEMA DIGESTIVO

Cuando la mayoría de la gente piensa en el aparato digestivo, se imagina el estómago y los intestinos, pero en realidad es mucho más que eso. Se trata de un largo tubo que va desde la boca hasta el ano, pasando por la garganta, el estómago y los intestinos. También incluye otros órganos, como el hígado, la vesícula biliar y el páncreas.

Todo lo que comes o bebes, así como un montón de cosas que te entran por accidente, tiene que pasar por el aparato digestivo. Por el camino, el cuerpo extrae todos los nutrientes y beneficios, filtra las toxinas y elimina los productos de desecho. Esto significa que el aparato digestivo se verá más fácilmente afectado por problemas, sobre todo si comes demasiados alimentos procesados, alimentos crudos con bacterias o bebes cantidades excesivas de alcohol: todo ello supone un esfuerzo adicional para que la digestión elimine los elementos no deseados, dejando el estómago, el hígado y los intestinos vulnerables y sobrecargados de trabajo.

Asegurarte de llevar una dieta rica en fibra te ayudará a detener los bloqueos físicos, pero también debes pensar en los bloqueos emocionales y espirituales. Tu intestino está fuertemente ligado a la intuición, y los sentimientos viscerales provienen de un lugar de apertura y conciencia espiritual en tu chakra del plexo solar. Si este chakra está flojo y bloqueado, estarás menos abierto a los mensajes del universo, y tus sentimientos viscerales estarán bloqueados.

TU HÍGADO Y LA IRA

Las distintas emociones se asientan en diferentes partes del cuerpo, pero esto es algo que probablemente ya sabías inconscientemente. Piensa en los distintos sentimientos y dónde se sienten: la ansiedad y la preocupación tienden a revolverte el estómago, mientras que el miedo te oprime el pecho. La alegría y la felicidad están vinculadas al chakra del plexo solar, llenando tu abdomen de calor, y la ira está conectada con tu hígado, lo que significa que puede causar algún trastorno en tu digestión si no se expresa de manera efectiva.

La ira es una de las emociones más incomprendidas. La sociedad actual nos dice que expresar la ira es malo, por lo que preferimos reprimir nuestros sentimientos. Pero la ira es una emoción útil y primaria, y nos protege de daños espirituales y emocionales. Cuando algo nos hace sentir enfadados, puede darnos la energía para luchar y defender lo que creemos que es correcto. Ésta es una forma de expresar nuestra ira de manera productiva y saludable. Pero una ira demasiado reprimida puede ser venenosa: atacará al hígado, causando daños y enfermedades, o puede explotar en un arrebato incontrolado, dejándonos luego recogiendo los pedazos.

El hígado está en correspondencia con Júpiter, el planeta de la sabiduría y la generosidad. Al igual que Júpiter, el hígado da al cuerpo más de lo que recibe, trabajando incansablemente para eliminar las toxinas físicas y emocionales y mantener el sistema digestivo -y todo el cuerpo-

limpio y purificado. También es un órgano energético, y si está dañado o estancado, te sentirás aletargado y fatigado.

Un desequilibrio en el hígado, o un bloqueo que impida que tu energía fluya libremente, no siempre se sentirá en el abdomen. Existe un vínculo energético entre esta zona y el cerebro, llamado eje intestino-cerebro, y a menudo los síntomas de uno de ellos se relacionan con un problema en el otro. Si el cerebro está preocupado por algo, lo notará en forma de mariposas en el estómago, y una oleada de ira procedente del hígado puede provocar dolor de cabeza.

Otros signos de que el hígado está desequilibrado podrían incluir:

- Rechinar los dientes o apretar la mandíbula. Esto a menudo tiene el efecto secundario de provocar dolor de cabeza debido a la sobrecarga de los músculos.
- Tensión en los músculos del cuello y los hombros. Estas zonas pueden acumular mucha tensión, sobre todo cuando está causada por emociones reprimidas.
- Sensación de irritabilidad e ira. Es posible que sientas que estás constantemente al límite de tu paciencia, e incluso las cosas más insignificantes pueden provocar un arrebato injustificado.

Puedes ayudar a estimular el hígado añadiendo mucha fruta y verdura fresca a tu dieta, especialmente verduras de hoja verde como la col, el brócoli y el colirrábano. El hígado también responde bien a hierbas como el romero, la albahaca y el berro. Cuidado con comer demasiadas hierbas y alimentos picantes, ya que pueden irritar en lugar de estimular.

SANACIÓN DEL CHAKRA DEL PLEXO SOLAR Y DEL SISTEMA DIGESTIVO CON LA NATURALEZA

Cuando tu chakra del plexo solar está desequilibrado, a menudo sufres un exceso de energía de fuego. Esto significa que necesitarás hierbas suaves, calmantes y refrescantes para restablecer el equilibrio y restaurar el flujo natural de tu fuerza vital a través de tu cuerpo energético. La creencia central del herbalismo espiritual es que las hierbas funcionan mejor para nosotros si tenemos una conexión espiritual con ellas, por lo que debes tomarte tu tiempo experimentando con diferentes hierbas hasta que encuentres una que te hable. Escucha al universo y pídele que te guíe, porque si prestas atención es posible que te dirija a una planta concreta.

El chakra del plexo solar está relacionado con el elemento fuego, y las siguientes hierbas actúan principalmente como refrescantes para restablecer el equilibrio cuando el chakra está hiperactivo. El exceso de energía de fuego provoca incómodos problemas digestivos como calambres, indigestión, hinchazón y gases, pero un sorbo rápido de algunas infusiones y tónicos suele ser todo lo que necesitas para volver a sentirte tú mismo. Estas hierbas se pueden cultivar o recolectar en la mayoría de los países, o se pueden encontrar en una buena tienda de productos naturales.

Hinojo (Foeniculum Vulgare)

Este arbusto alto crece de forma silvestre en la mayor parte de Europa, sobre todo en las regiones costeras, y también a lo largo de las costas de California, donde se considera una maleza invasora. El hinojo crece rápidamente y es muy resistente, por lo que es difícil deshacerse de él una vez que se instala en casa. Se reconoce por sus altos tallos verdes y sus diminutas flores amarillas que se extienden como la cabeza de una brocha de maquillaje.

Puedes cultivar hinojo fácilmente en casa, y la mejor época para cosecharlo es en primavera. Plántalo en un lugar donde pueda disfrutar de la luz del sol y mantenlo en un suelo húmedo pero bien drenado. Tus plantas deberían florecer en julio y agosto. El hinojo es una hierba asombrosa porque se puede utilizar toda la planta. El bulbo y las hojas se utilizan en la cocina, y las semillas tienen usos medicinales. Prueba añadir hojas de hinojo a una ensalada o a utilizar los tallos para dar volumen a sopas y guisos. Los bulbos quedan deliciosos asados.

El hinojo es una hierba muy suave que puede ser consumida tanto por niños como por adultos. De hecho, se ha utilizado durante muchos años como remedio contra los cólicos y los gases en bebés y niños pequeños. También lo utilizaban tradicionalmente las madres lactantes para aumentar la producción de leche.

Hoy en día, el hinojo se utiliza de diversas formas para tratar problemas digestivos e intestinales. Tiene propiedades antiespasmódicas, por lo que es estupendo para aliviar los calambres. Al tener una fórmula tan suave, su uso a largo plazo es seguro, por lo que resulta muy beneficioso para quienes padecen afecciones crónicas como el síndrome del intestino irritable y la enfermedad de Crohn.

Mercurio ejerce su influencia astral sobre el hinojo e imparte a esta hierba sus cualidades calmantes. El hinojo también es una hierba refrescante, lo demuestra por su capacidad para sofocar los fuegos de la indigestión causados por un chakra del plexo solar hiperactivo. Su característico y agradable sabor a anís la convierte en una hierba ideal para combinar con otras opciones menos sabrosas. Las semillas también constituyen una excelente infusión que puede tomarse caliente o fría.

El hinojo no debe tomarse en dosis medicinales si se está embarazada o se padecen afecciones sensibles a los estrógenos. En su forma de aceite esencial, el hinojo puede estimular el sistema nervioso, por lo que es mejor evitarlo si ya se padece alguna afección del sistema nervioso. Por lo demás, el hinojo es una hierba muy suave, calmante y tranquilizante que puede utilizarse para medicar tanto a adultos como a niños.

Menta (Mentha Piperita)

Esta es una de las hierbas con las que las personas están más familiarizadas, ya que es la base del refrescante sabor a menta en muchas pastas de dientes y productos dentales, así como en caramelos. La planta de menta se encuentra creciendo silvestre en toda Europa y América del Norte, donde se ha hecho muy común. Su aroma único la hace fácil de identificar, junto con sus hojas verdes dentadas y sus diminutas flores rojas.

La menta es fácil de encontrar en la naturaleza, pero no es tan fácil de cultivar en casa. Rara vez produce semillas fértiles, por lo que las plántulas se cultivan tomando esquejes de plantas maduras. Sin embargo, si compras arbustos ya establecidos, esta hierba se adaptará felizmente en cualquier jardín templado. La menta también crece bien en el interior como una hierba de maceta, lo que significa que puedes beneficiarte del encantador aroma que desprenden sus hojas. Recolecta las hojas en verano y otoño, y luego poda la planta durante el invierno para asegurarte de que vuelva a crecer el próximo año.

El distintivo aroma a menta se produce mediante el aceite que se puede destilar de las hojas de la planta. Este aceite está compuesto principalmente de mentol, que es lo que le da a la menta sus propiedades refrescantes. Una vez extraído, este aceite se utiliza para dar sabor o diluirlo en un tinte propio. Históricamente, la menta se ha utilizado en la cocina y la medicina durante miles de años. Es conocida como un remedio para dolencias estomacales porque reduce los calambres y alivia la indigestión. También ayuda cuando te sientes enfermo y era un remedio popular para el mareo por movimiento. Su naturaleza refrescante también la convirtió en una elección obvia para tratar la fiebre y ayudar a calmar y tranquilizar a cualquier persona que estuviera sudando y acalorada.

La menta está asociada con el elemento aire y al planeta Venus. Ambos promueven la idea de restauración y rejuvenecimiento, con el aire eliminando bloqueos e infundiendo nueva vida a tu energía espiritual. Cualquiera que haya disfrutado de una pastilla de menta de doble potencia sabe que el mentol es absolutamente capaz de eliminar las telarañas mentales y darte un estallido de claridad.

Hoy en día, la menta todavía se utiliza para calmar el malestar estomacal, aliviar la hinchazón y combatir la sensación de náuseas. También se utiliza como descongestionante para las personas que padecen resfriados y gripe, y para combatir las altas temperaturas causadas por la fiebre. También se utiliza como crema para calmar la piel inflamada. En general, la menta es bien tolerada por todos, pero no debe tomarse en grandes dosis durante la lactancia, ya que puede afectar la producción de leche.

MANZANILLA (MATRICARIA CHAMOMILLA)

Existen varios tipos diferentes de plantas de manzanilla, y la variante más utilizada en herbología moderna se denomina manzanilla alemana. Estas plantas se encuentran por todas partes; son originarias de Europa, África y Asia, y actualmente crecen también en Norteamérica tras haber sido importadas por los primeros colonos. La manzanilla es una hermosa planta de jardín, de la que brotan cantidad de alegres flores blancas cada verano. Las plantas crecen en suelos bien drenados y prefieren una posición soleada. Siembra las semillas en mayo para cosechar las flores en agosto.

La manzanilla alemana no es propiamente una planta de manzanilla, aunque produce las mismas sustancias químicas y aceites que la manzanilla común, pero en mayor cantidad. Por eso la utilizan los herbolarios. Tiene el mismo aspecto y huele igual que las demás plantas de manzanilla y funciona igual de bien en todas las recetas. Su poder reside en las flores blancas. Una vez recolectadas, se secan y se utilizan para infusiones de manzanilla, o se pueden comer frescas en una ensalada.

La manzanilla crece silvestre, pero como hay tantas variantes y todas parecen casi idénticas, incluso para los herbolarios experimentados puede ser difícil saber cuál es cuál sólo con la vista. Una buena manera es oler las flores; tanto la manzanilla alemana como la manzanilla común huelen ligeramente a manzana. Si detectas este olor, sabrás que has encontrado un buen arbusto de hierbas.

Recuerda no dañar ninguna planta de la que recolectes; toma sólo una pequeña cantidad de flores y da las gracias a los espíritus de las plantas por su regalo.

La manzanilla es una hierba refrescante que crece bajo la influencia de la luna. La luna regula y nutre, y está especialmente en sintonía con nuestro sistema digestivo. Esta energía lunar infunde a la manzanilla maravillosos beneficios para el chakra del plexo solar, mientras que su naturaleza refrescante actúa reduciendo la inflamación y calmando los trastornos. La manzanilla se ha utilizado durante miles de años como tónico digestivo y es una de las pocas hierbas lo suficientemente suaves como para ser utilizada por los niños.

Externamente, las lociones y bálsamos de manzanilla son excelentes calmantes para rozaduras y erupciones cutáneas. El aceite de manzanilla suele figurar como ingrediente en bálsamos labiales y exfoliantes de azúcar modernos por su efecto calmante y reconstituyente. La manzanilla puede tomarse en infusión o tintura para ayudar a resolver problemas digestivos, ya sean causados por algo que comiste o por algo que te preocupa. De hecho, la manzanilla es una forma maravillosa de calmar los nervios y las ansiedades, especialmente cuando tu autoestima se ve afectada por un chakra del plexo solar bloqueado.

Dado que la manzanilla es una hierba calmante, puede utilizarse para relajarse antes de acostarse y favorecer un sueño reparador. Esto es especialmente útil para bebés y niños pequeños, a los que un baño de manzanilla puede ayudar a conciliar un sueño reparador. Las reacciones adversas a la manzanilla son raras, pero si se padece alergia a la ambrosía, debe evitarse.

SANACIÓN DEL HÍGADO CON LA NATURALEZA

Es muy fácil que tu hígado se bloquee, así que he incluido aquí algunas hierbas que están específicamente asociadas con este importante órgano. Estas pueden ser usadas en adición a las hierbas generales listadas arriba. Siempre es bueno rotar las hierbas que tomas ya que tu cuerpo se acostumbrará a ellas, y esto debilitará su efecto, así que cuantas más hierbas tengas para elegir, mejor.

CARDO MARIANO (SILYBUM MARIANUM)

El cardo mariano es conocido como una hierba hepática, lo que significa que dirige específicamente su acción terapéutica hacia el hígado. Ayuda a proteger la función hepática y a prevenir los daños causados por los radicales libres. Se puede utilizar para ayudar al hígado a recuperarse de cualquier problema existente o como preventivo general.

Como todos los cardos, esta hierba tiene un aspecto espigado, con una llamativa flor púrpura. Es una hierba perfecta para el cultivo silvestre porque técnicamente está clasificada como mala hierba y puede encontrarse creciendo de forma silvestre en matorrales rocosos. El cardo mariano comercial se cultiva en grandes plantaciones que pueden hacer frente a su rápida propagación; si quieres cultivarlo en tu jardín, debes tener cuidado de contenerlo porque tus vecinos no te lo agradecerán si se escapa. Esto significa cosechar todos los cogollos antes de que caigan las semillas, lo que suele ocurrir a finales de mayo.

Esta es otra hierba en la que todas las partes de la planta tienen su utilidad. Las raíces y las hojas se pueden cocinar y comer, y las flores y los tallos se suelen preparar en infusión. Pero las partes más beneficiosas son las semillas. Éstas contienen la sustancia química silimarina, que beneficia directamente al hígado.

El cardo mariano se utiliza como remedio hepático desde hace cientos de años, no sólo como tónico general, sino también para tratar enfermedades como la ictericia. Está influenciado por el planeta Júpiter, que también tiene una alineación con el hígado; con tanta energía planetaria y espiritual enfocada hacia un órgano, no es de extrañar que el cardo mariano sea una de las hierbas hepáticas más eficaces que puedes elegir. También es conocido por su naturaleza refrescante, lo que significa que está lleno de propiedades antiinflamatorias.

Los tónicos que contienen cardo mariano suelen ser recomendados por los herbolarios para apoyar un hígado que tiene una afección grave existente, por ejemplo, hepatitis, cirrosis, agrandamiento del hígado o problemas debidos a un consumo excesivo de alcohol. Protege el hígado de daños mayores y ayuda a reparar y reconstruir las células hepáticas. El cardo mariano es una hierba ideal para usar en primavera por sus cualidades rejuvenecedoras. Conecta bien con la estación de la renovación y es muy eficaz en esta época.

Se sabe que el cardo mariano interactúa con varios medicamentos recetados, por lo que nunca debes tomarlo junto con medicamentos a largo plazo sin consultar antes con tu médico. ¡Es una hierba tan fuerte que incluso expulsa las sustancias químicas que no deseas tener en tu cuerpo! También debe evitarse durante el embarazo.

Raíz de astrágalo (Astragalus Membranaceus)

Esta hierba es originaria de China y Mongolia y se utiliza en la medicina tradicional china desde hace miles de años. Es conocida por ayudar al sistema inmunitario, pero también sirve para reparar y restaurar el hígado. La raíz de astrágalo tiene propiedades antifibróticas que pueden prevenir la formación de lesiones hepáticas, actuando así como un escudo contra los efectos nocivos de las enfermedades hepáticas. Es un adaptógeno, lo que significa que se adapta para ayudar al cuerpo de diferentes maneras.

La planta de astrágalo crece cómodamente en climas templados y es un bello complemento para cualquier jardín. Puede crecer hasta 1,2 m de altura y brotar en pequeñas flores amarillas que cuelgan delicadamente de sus largos tallos verdes. El astrágalo crece mejor en suelos bien drenados, ligeramente arenosos, y prefiere la sombra parcial. La raíz es la parte de la hierba que se desea utilizar, y cada planta puede tardar dos años en crecer lo suficiente como para que merezca la pena cosecharla.

El astrágalo es otra hierba que corresponde a Júpiter, lo que subraya su influencia sobre el hígado. También se asocia con el elemento aire, por lo que resulta tan estimulante para el chakra sacro. El aire es necesario para que prospere el fuego, así que al tomar hierbas de aire, estás alimentando el elemento fuego de tu chakra sacro. El astrágalo es una hierba calorífica que se utiliza para reavivar los niveles de energía y estimular el cuerpo para que se repare. Las personas de constitución caliente deben evitar tomar cantidades excesivas o combinarla con algo refrescante como la manzanilla.

Los componentes farmacológicos del astrágalo que lo hacen eficaz para tratar tantas afecciones diferentes son los flavonoides y los polisacáridos. Los flavonoides buscan y eliminan los radicales libres, lo que puede prevenir el desarrollo de cardiopatías, enfermedades hepáticas y cáncer. Los polisacáridos son antiinflamatorios y antivirales, lo que significa que son excelentes para eliminar infecciones

y calmar irritaciones en todo el cuerpo. Dado que el astrágalo es un adaptógeno, estas cualidades no sólo afectan a un
órgano, sino que pueden tener el mismo efecto en varios. Es
una hierba muy útil para tener en tu colección, y puedes
beneficiarte de tomarla regularmente como preventivo y
tónico general.

Dado que la raíz de astrágalo afecta al sistema inmunitario, las personas con afecciones autoinmunitarias no deberían tomarla sin consultar antes con un médico. Tampoco es
adecuada para las mujeres embarazadas o en período de
lactancia, ya que podría transmitirse al niño en cantidades
tóxicas.

RAÍZ DE AGRACEJO *(Berberis Vulgaris)*

La hierba agracejo ha sido utilizada con fines medicinales desde hace más de 2.500 años, para tratar desde la
conjuntivitis hasta la ictericia. Es originaria de Asia Central,
el norte de África, Oriente Próximo y partes de Europa,

pero algunas variedades también crecen silvestres en los Estados Unidos. Esta planta tiene la particularidad de que la mejor época para sembrar las semillas es durante los meses de invierno, y si piensas cultivarlas en interior, tendrás que empezar a hacerlo en el refrigerador. Las plantas de exterior deben protegerse de la luz directa del sol en las zonas más cálidas, ya que puede quemar las hojas, por lo que es una buena idea mantener las plantas en algún lugar donde tengan una mezcla de sol y sombra.

Los arbustos de agracejo son extremadamente resistentes y forman vistosos setos, por lo que a la gente le encanta plantarlos a lo largo de los límites de sus propiedades. Las hojas cambian de color con las estaciones y lucen espectaculares en sus tonos otoñales, que complementan sus bayas de color rojo cereza. Se pueden comer las bayas, que son jugosas y ácidas como los arándanos, pero lo mejor de esta hierba es la raíz.

La raíz contiene un alcaloide químico llamado berberina, que tiene muchas cualidades curativas maravillosas. Es antiinflamatoria y antimicrobiana y actúa como sedante para calmar las emociones exacerbadas, como la ira que puede derivarse de un hígado estancado. La raíz de agracejo también dirige específicamente su curación hacia el hígado, estimulándolo para que produzca más bilis. Esta bilis es realmente importante para eliminar el colesterol y otros contaminantes de tu sistema; sin la bilis para eliminarlos, se quedarán y bloquearán el hígado, contaminando tu energía.

A diferencia de otras hierbas que actúan sobre el hígado, el agracejo no está regido por Júpiter, sino por Marte. Este planeta está fuertemente vinculado a la emoción de la ira, y su ubicación en la carta natal puede ayudarte a aprender a redirigir mejor tu ira hacia objetivos beneficiosos. El agracejo hace lo mismo con el hígado, ya que actúa sobre los bloqueos energéticos que pueden provocar la acumulación de ira y restablece el equilibrio. También es una hierba secante y cálida que trabaja en asociación con el elemento fuego del chakra del plexo solar.

Algunas variantes del agracejo son venenosas, por lo que es aconsejable adquirirlo únicamente en herboristerías especializadas. Es posible que quieras abstenerte de recolectar agracejo silvestre, ya que es difícil estar seguro al 100% de que la variedad que has elegido no sea tóxica. Incluso las plantas de agracejo seguras pueden ser tóxicas en grandes dosis, por lo que debes consultar con un herbolario calificado antes de intentar remedios caseros. El agracejo nunca debe tomarse durante el embarazo ni por los lactantes. También reacciona mal con algunos medicamentos a largo plazo, por lo que si actualmente tomas algún otro medicamento, debes consultar con tu médico antes de tomar suplementos de agracejo.

RECETAS PARA REVITALIZAR EL CHAKRA DEL PLEXO SOLAR

Baño Calmante de Avena y Manzanilla

No HAY mejor manera de relajarse al final del día que con un baño de hierbas. Éste es seguro para todos los miembros de la familia y ayudará a aliviar llagas, varicela, sarpullidos y cualquier otro problema que quite el sueño a los más pequeños. Inhalar el cálido aroma de la manzanilla te ayudará a relajar todo el cuerpo y pronto sentirás que tus problemas desaparecen. Esta es una gran manera de calmar tus problemas y ayudarte a encontrar tu centro espiritual.

Necesitarás:

- un calcetín viejo
- 1 taza de avena
- ½ taza de flores secas de manzanilla o 1 taza de flores frescas
- ½ taza de lavanda seca

Llena el calcetín con la avena, la manzanilla y la lavanda. Calienta el baño más de lo normal y añade el calcetín, como si fuera una bolsita de té, para que el agua se impregne de los beneficios de las hierbas que contiene. Agita el agua regularmente mientras esperas a que se entibie. Una vez que el agua haya alcanzado una temperatura aceptable, métete dentro, reclínate y disfruta de este relajante baño de hierbas. Incluso puedes utilizar el calcetín como exfoliante para tratar la piel o las zonas problemáticas.

Tónico Digestivo para Eliminar los Gases

Este maravilloso tónico es realmente fácil y sencillo de hacer y utiliza tres hierbas diferentes que sintonizan con tu chakra del plexo solar. Tómalo antes de las comidas para ayudar a prevenir la hinchazón y la acumulación de gases si sabes que tienes un estómago sensible. También puedes tomarlo entre comidas si empiezas a sentirte hinchado. Tendrás que planearlo con antelación, porque esta cura mágica tarda dos semanas en madurar.

Necesitarás:

- 1 cucharada grande de hojas de menta (secas)
- 1 cucharada grande de semillas de hinojo
- 1 trozo de raíz de jengibre (picada)
- 1 taza de vinagre de sidra de manzana

Mezcla todos los ingredientes hasta que el líquido esté lo más homogéneo posible. Viértelo en un tarro de cristal esterilizado y ciérralo, luego envuelve el tarro en una toalla oscura y guárdalo en el fondo de un armario de cocina o despensa durante dos semanas.

Una vez que la mezcla haya terminado de madurar, tendrás que colar las partículas sólidas. Utiliza una malla fina o un trozo de estopilla y prensa la mezcla; no olvides recoger el líquido en otro recipiente. Deberás guardar esta tintura en botellas de color marrón oscuro y mantenerla alejada de la luz. Mezcla 1 cucharadita con ¼ de taza de agua y toma este tónico antes o después de las comidas.

Batido para Aumentar la Energía del Plexo Solar

Las frutas son excelentes para estimular el sistema digestivo porque están llenas de fibra, y todos sabemos que la fibra es buena para la salud intestinal. Este sencillo batido funciona bien como un desayuno rápido para darte un poco de energía de liberación lenta y una explosión esencial de fibra, haciendo que tu día tenga un gran comienzo.

Necesitarás:

- 1 plátano maduro
- 1 taza de trozos de piña fresca o congelada

- ½ taza de yogur de vainilla
- 1 taza de leche de almendras o castañas de cajú
- ½ taza de trozos de hielo

Mezcla todo durante 40-60 segundos o hasta obtener una consistencia homogénea. Viértelo en un vaso largo y disfrútalo inmediatamente. También es un buen tónico para después de entrenar, ya que los plátanos están llenos de electrolitos y pueden reponer los que se pierden con el sudor.

RECETAS PARA FORTALECER EL HÍGADO

Tintura Desintoxicante para el Hígado

El hígado hace un trabajo fabuloso eliminando las toxinas del cuerpo, y esta sencilla tintura puede ayudar a que nunca se sienta sobrecargado. Si tu hígado se siente sobrecargado de trabajo, puedes revitalizarlo tomando unas gotas antes de cada comida.

Necesitarás:

- 1 onza de semillas de cardo mariano molidas
- ½ onza de raíz de diente de león seca
- ½ onza de raíz de bardana seca
- ½ onza de raíz de cúrcuma seca

- 12 oz de alcohol de 100 grados

Coloca las hierbas en un tarro y vierte el alcohol por encima. Enrosca bien la tapa y agítalo bien. Guárdalo en un lugar oscuro, como el fondo del armario de la cocina o la despensa. Deberás dejarla reposar durante cuatro semanas, pero agítala cada tres o cuatro días para que se mezcle el contenido.

Cuando la tintura esté lista, cuélala con una malla fina o una gasa para que sólo quede el líquido. Guárdalo en un frasco limpio y protegido de la luz solar directa.

TÉ ANTIOXIDANTE

Las hierbas de esta receta están llenas de antioxidantes que te ayudarán a combatir los radicales libres, que pueden provocar enfermedades hepáticas. No sólo es un gran tónico para el hígado, sino que además es súper sabroso. Esta receta rinde dos tazas, así que puedes compartir los beneficios para la salud con un amigo.

Necesitarás:

- 2 cucharadas de semillas de cardo mariano
- 1 cucharada de jengibre fresco cortado en rodajas

- 3 tazas de agua

Pon el agua al fuego y déjala hervir. Añade el jengibre y cuece la mezcla a fuego lento durante diez minutos. El agua debería adquirir un color amarillo pálido a medida que el jengibre se vaya cocinando. Mientras esperas, machaca las semillas de cardo mariano con un mortero. Si no tienes uno, puedes utilizar el dorso de una cuchara metálica o la punta de un rodillo. Vierte el agua, el jengibre y las semillas en la tetera y deja que se infusionen durante cinco minutos. Cuela el té en un par de tazas y disfrútalo.

TÉ DE ASTRÁGALO para Reforzar el Sistema Inmunitario

Este té afrutado de doble función no sólo protegerá tu hígado -gracias a la raíz de astrágalo y a la hoja de frambuesa roja- sino que también está repleto de vitaminas y minerales importantes que reforzarán tu sistema inmunitario y te mantendrán sano. Algunas de las hierbas son un poco más difíciles de encontrar que otras, pero este té funciona bien sea cual sea la combinación de ingredientes que consigas.

Necesitarás:

- 2 partes de bayas de saúco secas

- I parte de ortiga seca
- I parte de hojas de frambuesa roja secas
- I parte de fibra de avena seca
- 2 tiras de raíz de astrágalo
- I rama de canela

Pon todas las hierbas secas en un bol y mézclalas muy bien. Puedes preparar tanta infusión como quieras y guardarla para más tarde: sólo tienes que asegurarte de tener un recipiente hermético donde guardarla. Pon las tiras de raíz de astrágalo y la rama de canela en una olla y añade 4 cucharadas de la mezcla de hierbas. Vierte agua hirviendo suficiente para cuatro tazas, tapa la tetera y deja que se infusione.

Para obtener todos los beneficios de tu mezcla, déjala durante cuatro horas, pero si la quieres rápidamente, puedes beberla a la media hora. Cuela el té cuando estés listo y vuelve a calentarlo, o añade hielo para obtener una refrescante mezcla veraniega. Si quieres endulzar el té, puedes añadir un poco de miel o estevia.

MEDITACIÓN DEL CHAKRA DEL PLEXO SOLAR

Realiza esta meditación en un momento en el que te sientas tranquilo y relajado, tal vez después de un relajante baño de avena con manzanilla. Para obtener más energía espiritual, realiza esta meditación a la luz de las velas. Siéntate en una silla con respaldo alto, donde la columna vertebral pueda alargarse y el chakra del plexo solar se mantenga a una distancia media entre la cabeza y los pies. Puede que te resulte relajante quemar algunos aceites esenciales o colocarlos en un difusor cercano. Los aceites beneficiosos para el chakra del plexo solar son los de lavanda, mirra, cedro y salvia.

- Una vez sentado cómodamente, cierra los ojos y visualiza un fuego cálido que se enciende alrededor de tu ombligo. Imagínatelo calentando el estómago, el hígado y los riñones, aflojándolos y disolviendo la rigidez o las impurezas. Utiliza la respiración ujjayi (descrita brevemente en la meditación del chakra sacro) para exhalar estas impurezas al tiempo que calientas y energizas tu cuerpo.

- Coloca la mano derecha sobre tu abdomen y masajea suavemente en grandes círculos en el sentido de las agujas del reloj. Esto empezará a aflojar los músculos del estómago y favorecerá la relajación. Mientras lo haces, puedes frotarte la piel con una loción de manzanilla o menta, añadiendo hierbas refrescantes para equilibrar el calor interior.

- Cuando estés listo para terminar, entona la sílaba *ram* en tus últimas cinco exhalaciones. Abre los ojos e intenta retener la sensación de calor en el abdomen. Deberías sentirte relajado y libre de estrés e ira, y tu sistema digestivo se sentirá templado y lleno de energía.

Esta meditación puede ser especialmente eficaz después de una cena copiosa para evitar que la indigestión interfiera con el sueño.

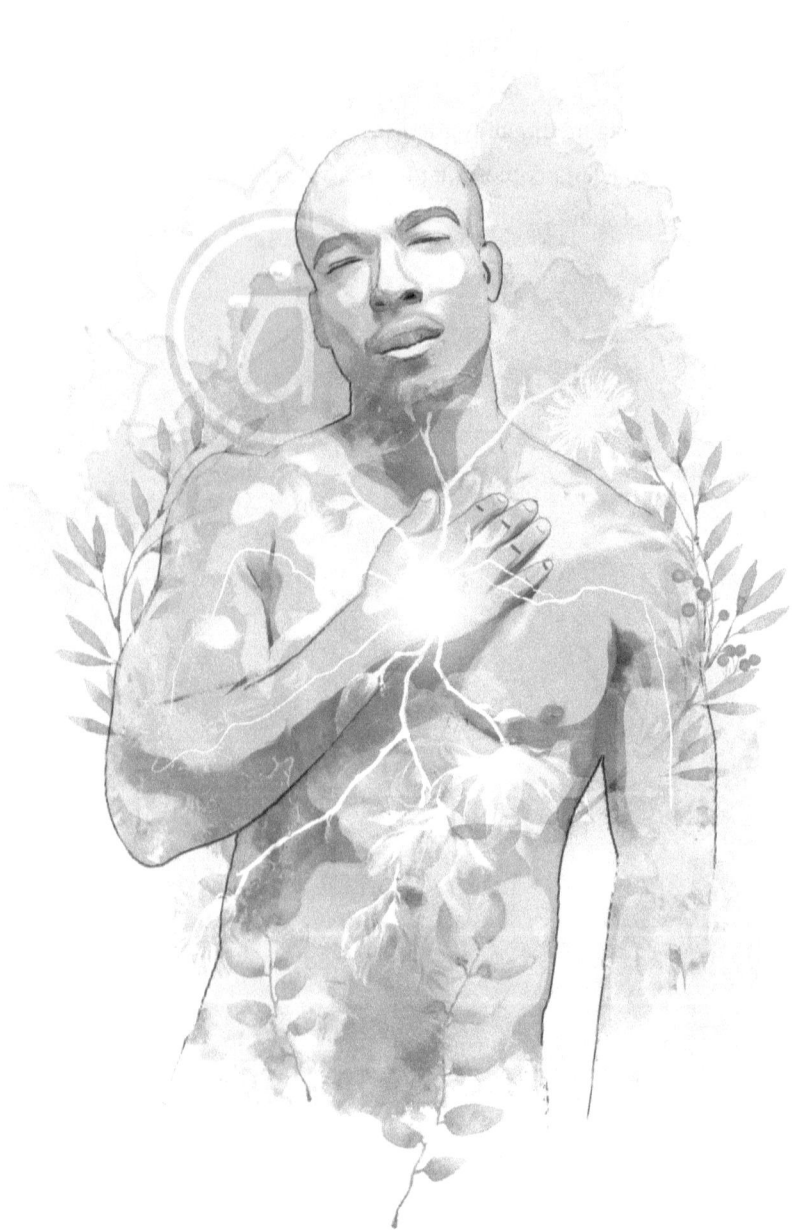

❦ 4 ❦

EL CHAKRA DEL CORAZÓN

E l cuarto chakra se encuentra en el centro de tu
pecho, entre el esternón y tus omóplatos. El
chakra del corazón, también conocido como
Anahata, no solo supervisa tu corazón físico y su sistema
circulatorio, sino que también alberga tu corazón emocional.

Situado directamente encima del chakra del plexo solar,
las emociones abrumadoramente positivas del chakra del
corazón equilibran las emociones potencialmente negativas
del chakra del plexo solar. Tus chakras no funcionan de
forma aislada; sino que forman parte de un constante flujo
de energía entre las diferentes ruedas. Imagina un río
fluyendo entre diferentes estanques: es imposible que
algunos elementos de un estanque no se transfieran al
siguiente. Cualquier problema con los chakras inferiores
también desequilibrará a los que están por encima de ellos,
por lo que antes de que pueda ocurrir cualquier sanación

del chakra del corazón, debes tomarte el tiempo para centrar y equilibrar los tres chakras que están por debajo de él.

Una vez que hayas comenzado a abordar los desequilibrios en los tres chakras inferiores, puedes comenzar a trabajar en desbloquear tu chakra del corazón. Cuanto más arriba vayas en los chakras, más influenciados estarán por la naturaleza espiritual de las hierbas, además de por sus químicos y propiedades. Aquí más que nunca, es importante intentar obtener suplementos herbales de espectro completo y hierbas secas, ya que estos contienen más de la planta original que solo el componente activo. Usar plantas enteras te garantiza una conexión más profunda con los espíritus de las plantas que restaurarán tu energía a su equilibrio correcto.

ASOCIACIONES CON EL CHAKRA DEL CORAZÓN

Tu chakra del corazón no solo está asociado con tu sistema circulatorio, sino también se corresponde con tu parte superior de la columna vertebral, hombros, brazos, manos y sistema respiratorio, incluyendo tus pulmones, diafragma y sangre (porque transporta oxígeno por todo el cuerpo). Estos órganos son algunos de los más vitales para la vida, por lo que tu chakra del corazón lleva consigo la responsabilidad de tu propia vida. Desde el punto de vista espiritual, tu chakra del corazón también resguarda la chispa de tu energía vital alojada en tu corazón espiritual. Sin esto, perderías tu pasión por la vida y te desvanecerías.

El amor que sientes por ti mismo y por los demás tiene sus raíces en tu chakra del corazón. Si está nutrido y abierto, te verás inundado de amabilidad y compasión, pero cuando está bloqueado, podrías encontrarte sintiéndote amargado, celoso y posesivo. Todos los tipos de amor residen en tu chakra del corazón, junto con otros sentimientos que están vinculados a ellos. Esto incluye tu capacidad para confiar en los demás, tu capacidad de perdonar y tu optimismo y esperanza.

El chakra del corazón es uno de los chakras más fáciles de nutrir espiritualmente. El mundo, la Madre Naturaleza y otras personas están llenos de amor, y este chakra está preparado para recibirlo. Cuando practicas el herbalismo espiritual, independientemente de las hierbas que tomes y hacia dónde se supone que deben dirigirse, al abrirte a la Madre Naturaleza y aceptar sus dones, te estás abriendo a recibir su amor. Así, tu chakra del corazón recibe los beneficios cada vez que agradeces a los espíritus de las plantas y muestras tu respeto por la Madre Naturaleza y sus dones.

¿QUÉ INFLUYE EN EL CHAKRA DEL CORAZÓN?

El Chakra del Corazón está fuertemente influenciado por el elemento aire. Fluye a través de tus pulmones, trayendo consigo vida renovada y llevándose toxinas. El aire es energizante y vigorizante, y simboliza posibilidades infinitas. Una vez que algo es llevado por el viento, no hay límite de cuán lejos puede llegar, y lo mismo ocurre con el amor y la compasión. El verdadero amor otorgado se devolverá con creces, y una pequeña amabilidad hoy puede crear ondas que lleguen más lejos de lo que jamás imaginaste.

(*Venus*)

Con tanto centrado en el corazón y el amor, no debería sorprendernos que el chakra del corazón corresponda al planeta Venus. Venus gobierna sobre el amor y la compasión con un espíritu gentil, y la energía planetaria que cosechamos gira en torno a la alegría y la armonía. Por supuesto, el amor romántico se nutre aquí, pero eso es solo un elemento. El amor por tu familia y amigos, el respeto por los demás y la compasión por los desconocidos, todos obtienen su fuerza de Venus y tu chakra del corazón. Y lo más importante de todo, este chakra alimenta el amor que sientes por ti mismo.

La deidad hindú asociada con el chakra del corazón es Hanuman, una figura conocida por su devoción y compromiso. El amor que siente por Rāma y Sītā, su mejor amigo y su esposa, está documentado en muchas historias de heroísmo y poesía épica. Él es un guardián adecuado para el chakra del corazón y sus emociones amorosas.

(*La Luna Llena*)

Tu chakra del corazón también está alineado con la luna llena. Esta es la luna en su punto más brillante y llena de energía. La luna llena ilumina todo el mundo, al igual que el amor dentro de tu chakra del corazón te ilumina a ti. Un chakra del corazón abierto está lleno de amor y rebosante de propósito y pasión. Al igual que la luna, ha alcanzado su cenit, su estado máximo. A diferencia de la luna, puedes mantener tu chakra del corazón en este estado y evitar que tu amor mengüe.

Todos los chakras tienen un color diferente que representa su frecuencia vibratoria. Al combinarse, producen luz blanca, simbolizando a la persona en su totalidad. El color asociado con el chakra del corazón es el verde. Este es un color maravillosamente esperanzador, asociado con la naturaleza, el crecimiento y la renovación. También te hace sentir tranquilo, equilibrado y gentil; todos sentimientos sinónimos de ser amado.

CÓMO SABER SI TU CHAKRA DEL CORAZÓN NECESITA AYUDA

Un chakra del corazón feliz permite que la energía fluya libremente y atraiga todas las formas de amor. Si está equilibrado, eres capaz de amarte a ti mismo y tomar decisiones favorables para ti y tu futuro. No sentirás la necesidad de entrar en conflictos y disfrutarás armonizando con el mundo que te rodea. También puedes sentirte más indulgente y empático hacia otras personas.

Pero cuando tu chakra del corazón está bloqueado o desequilibrado, puedes encontrar dificultades para dar y recibir amor, tanto de ti mismo como de quienes te rodean.

Algunos signos de que tu chakra del corazón está bloqueado incluyen:

- Aislarse del mundo y de los demás. Un chakra del corazón bloqueado puede hacerte sentir indigno de amor, por lo que te alejas de amigos y familiares, rechazando el amor que te ofrecen.
- Sentimientos de soledad y depresión. No poder amarte a ti mismo puede llevar a sentimientos de inutilidad y a la incapacidad de proyectar un futuro porque no crees que merezcas la felicidad que ves en los demás.

- Dificultad para mantener relaciones saludables con amigos, familiares o parejas. A veces, esto puede deberse a comportamientos celosos y otras veces puedes volverte excesivamente sumiso, haciendo cualquier cosa para complacer a los demás.

- También existen síntomas físicos que pueden ser señales de un chakra del corazón desequilibrado. Estos incluyen:

- Dolor en los hombros, brazos, manos y parte superior de la espalda. Es fácil atribuir este tipo de dolor a una lesión, una tensión muscular o a una mala postura o niveles elevados de estrés. Si los tratamientos habituales no parecen tener efecto, podría ser el momento de buscar una cura más espiritual.

- Problemas respiratorios como el asma y la falta de aliento. Incluso puedes encontrar que tu capacidad pulmonar se ve reducida. Un chakra del corazón bloqueado no podrá energizar estos importantes órganos, lo que hará que se debiliten espiritualmente.

- Problemas cardíacos y de circulación. Puedes experimentar palpitaciones, mala circulación en los dedos de las manos y de los pies, y descubrir que tu presión arterial está demasiado alta o demasiado baja. Estos son signos claros de que algo está fuera de equilibrio y que tu energía no funciona correctamente.

Dado que el chakra del corazón abarca dos sistemas corporales principales: el sistema circulatorio y el sistema respiratorio, voy a dividir el enfoque en dos partes en la siguiente sección. Los pulmones y el corazón tienen enfoques y comportamientos muy diferentes, y hay algunas hierbas del chakra del corazón que tienen una mayor afinidad por uno u otro. Es importante saber cuál es cuál para encontrar las hierbas más efectivas para ti.

SANACIÓN DEL CORAZÓN CON LA NATURALEZA

El primer órgano principal asociado con tu chakra del corazón es el propio corazón. Tu corazón controla el flujo del amor y es el centro de tu valentía y autoconfianza. Es fuerte pero también delicado y puede dañarse fácilmente por la traición y el dolor.

El Sistema Circulatorio: Fluir con la Corriente

Así como tu chakra del corazón yace en el centro de tu cuerpo de energía, tu corazón es el centro de tu sistema circulatorio. Este es el sistema de vasos, también llamado sistema vascular, que transporta la sangre por el cuerpo, llevando nutrientes a tus tejidos y eliminando dióxido de carbono. La sangre sale de tu corazón y viaja hacia tus pulmones, donde se enriquece con oxígeno antes de regresar a tu corazón. Luego, vuelve a bombearse, esta vez hacia tus órganos y músculos.

Tu corazón está compuesto por cuatro cavidades, dos a cada lado. El lado derecho envía la sangre a los pulmones y, cuando regresa, entra en las cavidades del lado izquierdo. La sangre siempre fluye en la misma dirección porque estas cavidades tienen válvulas entre ellas que se cierran para evitar que la sangre vaya en la dirección incorrecta.

Un corazón saludable bombeará sangre de manera efectiva, mientras que un sistema vascular saludable garantiza que todos los nutrientes y el oxígeno que transporta lleguen a sus destinos. El uso de tónicos herbales puede ayudar a asegurar vasos sanguíneos limpios y un corazón fuerte con un ritmo regular. También nutrirán tu corazón espiritual, que es el centro de tu capacidad para amar y ser amado. Un corazón espiritual fuerte y abierto te da la valentía para compartir tus sentimientos y expresar tu verdad.

La Inteligencia del Corazón

Solemos hablar de tomar decisiones con la cabeza o con el corazón, pero en realidad hay mucho de cierto en esta afirmación. Las investigaciones han demostrado que el 90% de la comunicación entre tu cerebro y tu corazón en realidad proviene del corazón y no al revés (scienceandnonduality, 2017). Lo que esto significa es que los cambios en el ritmo de tu corazón están guiando la respuesta de tu cerebro: si tienes miedo, los latidos de tu corazón se acelerarán, diciéndole a tu cerebro que prepare la respuesta de lucha o huida de tu cuerpo, y no, como se pensaba anteriormente, es tu cerebro diciéndole a tu corazón que lata más rápido.

El ritmo cardiaco también cambia dependiendo de con quién estés. Si estás con gente que conoces y en la que confías, tu ritmo cardiaco varía menos, pero si estás en una habitación con desconocidos, es más probable que sea irregular. Esto demuestra la increíble influencia que ejercen nuestros campos energéticos sobre quienes nos rodean. La energía de nuestro corazón es especialmente fuerte porque está alimentada por el amor, y cuando sentimos ese amor de los demás, su efecto es muy positivo.

SANACIÓN DEL CORAZÓN CON HERBALISMO ESPIRITUAL

Tu corazón puede ser dañado por enfermedades y traumas físicos, pero también puede ser dañado por traumas emocionales, y estas cicatrices pueden ser las más difíciles de curar. La medicina comercial no curará un corazón roto ni le ayudará a reconstruirse después de haber sido defraudado emocionalmente por quienes nos rodean. Las recetas que se elaboran teniendo en cuenta las ideas del herbalismo espiritual son capaces de tratar tanto las cicatrices físicas como las emocionales. Las sustancias químicas de las propias hierbas actúan para curar problemas físicos, fortaleciendo el músculo cardíaco, eliminando el colesterol y las obstrucciones de los vasos sanguíneos y favoreciendo la absorción de oxígeno. Pero las hierbas también utilizan su energía espiritual para trabajar con el chakra del corazón, eliminando los bloqueos que podrían estar obstaculizando el flujo de energía.

Es natural que el cuerpo quiera protegerse del daño, y el chakra del corazón se cerrará si percibe que se avecina algo doloroso o traumático. Esto dificulta la recepción del amor y aumenta los sentimientos de aislamiento y soledad. A menudo, el chakra del corazón reacciona basándose en traumas pasados, de modo que si alguien te ha hecho daño antes, se cerrará preventivamente ante esa persona de nuevo, o si te encuentras en circunstancias similares con alguien nuevo, tu chakra del corazón asumirá que va a actuar de la misma manera. Superar este trauma pasado y enseñar a tu chakra del corazón que está bien estar abierto puede llevar mucho trabajo. Las meditaciones, las visualizaciones y los tónicos para el corazón ayudarán al chakra del corazón en el proceso de sanación.

ESPINO BLANCO (*CRATAEGUS Mongyna*)

El espino blanco, también conocido como Crataegus monogyna, es un árbol espinoso con delicadas flores blancas que florecen en mayo, lo que le valió el apodo tradicional británico de "May Tree" (Árbol de mayo). Estas flores se convierten en bayas de color rojo profundo que son características del espino blanco. Estas bayas se cosechan mejor a finales del otoño, cuando están completamente maduras, pero asegúrate de tener cuidado de no pincharte con las espinas de esta hierba. Las espinas nos recuerdan que a veces es necesario proteger nuestros corazones de aquellos que pueden hacernos daño.

El espino blanco es originario de Inglaterra y gran parte de Europa Central, así como del norte de África. También crecen en las regiones templadas de los Estados Unidos. Puedes cultivarlos a partir de semillas, pero los árboles crecen lentamente, por lo que la mejor opción probablemente sea comprar una planta robusta. Les encanta el sol, así que asegúrate de plantar tu espino donde pueda recibir los cálidos rayos del sol.

Puedes utilizar las bayas, las flores y las hojas jóvenes del espino blanco en recetas, como lo han venido haciendo las personas durante miles de años. El espino blanco ha sido utilizado tradicionalmente para fortalecer el corazón físico y actuar como un tónico energizante y estimulante. Además de esto, los usos modernos del espino blanco han demostrado que actúa también sobre los vasos sanguíneos, aumentando el flujo sanguíneo, reduciendo la acumulación de colesterol y regulando la presión arterial. Lo maravilloso del espino blanco es que adaptará sus efectos en función de tus necesidades, por ejemplo, aumentará la presión arterial baja o disminuirá la presión arterial alta.

Los componentes del espino blanco que poseen propiedades medicinales son los flavonoides, saponinas, taninos y antioxidantes. Los taninos trabajan para evitar que las bacterias u otras moléculas no deseadas se adhieran a las células de tu cuerpo. Son muy efectivos para evitar que el colesterol se acumule en tus vasos sanguíneos, asegurando así que tu sistema circulatorio esté libre de obstrucciones.

Desde el punto de vista espiritual, el espino blanco es una hierba cálida que energiza y vigoriza tu energía. Corresponde al planeta Marte y se conecta con nuestros deseos primarios, incluyendo los deseos y pasiones del corazón. El espino blanco inspira valentía; valentía para abrir tu corazón después de un trauma, valentía para amarte a ti mismo y valentía para seguir adelante tras la pérdida del amor en tu vida. Es excelente para sanar un corazón roto porque aporta nueva energía de fuego a tu cuerpo energético y literalmente aviva las llamas de tu corazón que pueden enfriarse y amortiguarse con las penas amorosas. También se puede utilizar como tónico general para mantener abierto tu chakra del corazón.

El espino blanco es una hierba muy suave con muy pocos efectos secundarios o contraindicaciones, lo que significa que es seguro para ser utilizado por la mayoría de las personas y durante largos períodos de tiempo. Cualquier persona que esté tomando medicamentos recetados para el corazón o que sufre de enfermedades ulcerosas debe consultar con su médico antes de tomar suplementos de espino.

Rosa (Rosa Damascena)

No se puede hablar de hierbas para el corazón sin mencionar la humilde rosa. Estas flores se han asociado con el amor y el romance desde hace miles de años, remontándose a los antiguos romanos y griegos. Las plantas se cultivan desde hace 5.000 años y se han encontrado rosas fosilizadas con más de 35 millones de años de antigüedad. Hoy se cultivan en todo el mundo en todos los colores, pero son las variedades rojas las que más se utilizan con fines medicinales. Las rosas se reconocen por su inconfundible perfume, producto de un aceite esencial segregado tanto por los pétalos como por las hojas.

Las rosas ya no se encuentran tan a menudo en la naturaleza, pero son fáciles de comprar y de cultivar, aunque no a partir de semillas. Las plantas se compran a raíz desnuda o como pequeños arbustos en viveros. Es mejor plantarlas en primavera, una vez pasadas las heladas, y asegurarse de que el suelo esté bien drenado y de elegir una posición en la que las plantas no se quemen con el sol de la tarde.

Al igual que el espino, la flor de la rosa está protegida por tallos espinosos, otro recordatorio de que nuestros delicados corazones se beneficiarán de la protección si quieren permanecer abiertos y generosos. La rosa, como el amor mismo, no sólo es frágil y hermosa, sino también vibrante, curativa y fuerte. Es el símbolo perfecto de esta emoción vital. Son los pétalos de rosa los que se recolectan y utilizan hoy en día tanto en herbología como en la industria farmacéutica, aunque si no se arrancan las flores, madurarán y se convertirán en escaramujos, que también contienen maravillosas propiedades curativas.

Históricamente, la rosa se ha utilizado en pociones de amor, como perfumes y en herboristería para disimular los sabores y olores menos agradables de otras hierbas. Aún hoy se utiliza por las mismas razones -aunque las pociones de amor rara vez se comercializan- y también se emplea en la industria de la belleza por su capacidad para reafirmar, hidratar y refrescar la piel cansada.

Los pétalos de rosa son ricos en vitaminas A, C y E, así como en antioxidantes y sustancias químicas antiinflamatorias. Pueden tomarse como tónico para favorecer la función cardiaca y mantener bajo el colesterol. La rosa también actúa como hemostático, interactuando con la sangre para aumentar las funciones de coagulación y contrarrestar algunos de los síntomas de la pérdida de sangre, como el dolor de cabeza y la falta de energía. Es una hierba refrescante, como indica su naturaleza antiinflamatoria, y el agua de rosas o el té de rosas son un tratamiento eficaz para el sobrecalentamiento y la fiebre.

Tomar rosa también es una forma maravillosa de aliviar el estrés y la tensión que se derivan de lidiar con emociones negativas. Tanto si estás enfadado, triste o con el corazón roto, tomar un tónico de rosas o utilizar aceites esenciales de rosas te ayudará a moderarte y calmarte, permitiendo que tu energía vuelva a un estado más neutro. Los aceites esenciales de los pétalos de rosa tienen una cualidad sedante suave que resulta excepcionalmente útil en estas situaciones.

La rosa es otra hierba extremadamente suave y la mayoría de las veces no produce efectos secundarios. No obstante, conviene consultar al médico antes de tomar cualquier suplemento o tónico.

CAYENA (CAPSICUM ANNUUM)

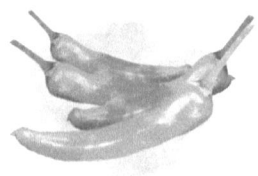

Este humilde pimiento picante se encuentra más a menudo en la cocina que en el botiquín, pero posee potentes propiedades curativas que revitalizarán tu corazón y le devolverán la vida tras un trauma emocional.

Esta hierba crece de forma natural en climas tropicales; originaria de América Central y el Caribe, también se cultiva en la India y Europa. Mucha gente opta por cultivar sus propios pimientos como plantas de cocina, y prosperan con un poco de cuidado y atención. Puedes cultivarlos a partir de semillas o comprar las plantas jóvenes ya en maceta. Mantenlas abrigadas, bien regadas y a pleno sol para garantizar una buena cosecha. Los frutos pueden recolectarse en verano, una vez que han madurado de verde a amarillo o rojo.

Los frutos pueden cocinarse y comerse o secarse y molerse. También se puede comprar pimienta de cayena en polvo en el supermercado o en cápsulas que se tragan con agua. Los mayas valoraban el polvo como tratamiento para las heridas y creían que frotando el polvo en cortes y heridas se quemaría cualquier enfermedad e infección. Tenían toda la razón, porque la cayena tiene propiedades antimicrobianas, es decir, elimina las bacterias dañinas que pueden causar infecciones.

La cayena está regida por el planeta Marte. Esto le confiere un gran poder y fuerza y la convierte en una gran defensora contra afecciones graves como ataques cardiacos y derrames cerebrales. El poder estimulante de la cayena es incomparable y puede mejorar rápida y eficazmente la circulación y la tensión arterial. La cayena también ayuda a la sangre a absorber más oxígeno y nutrientes, que luego transporta a los músculos y tejidos. Esto, a su vez, aumentará tus niveles de energía y devolverá la energía a tus pasos.

Como era de esperar, la cayena es una hierba picante con propiedades caloríficas extremas. Las personas de constitución caliente deben evitarla o correrán el riesgo de sufrir complicaciones por sobrecalentamiento. Su naturaleza picante se debe a la capsaicina química, que también es responsable de las propiedades antiinflamatorias y analgésicas de la cayena. La capsaicina estimula los receptores del dolor de tu cuerpo, y esto puede ayudarte a aumentar tu tolerancia al dolor y reducir tu sensibilidad. También estimula el sistema digestivo y aumenta el metabolismo.

Como la cayena es una hierba tan potente, sus efectos pueden ser demasiado fuertes para algunas personas. No debe usarse externamente en pieles sensibles porque puede causar dolor y sensación de quemazón. Aunque puede tener muchos beneficios para el sistema digestivo, su calor puede irritar afecciones existentes, por lo que no debes tomarla si sufres úlceras, síndrome del intestino irritable, reflujo ácido o cualquier otra forma de inflamación digestiva. Si tomas cayena y notas que te produce irritación, puedes contrarrestarla con algo refrescante como leche, yogur o helado.

AGRIPALMA (LEONURUS CARDIACA)

El nombre latino de esta hierba significa literalmente "Corazón de León", lo que te dará una idea de sus beneficios. La agripalma ayuda al corazón y al sistema vascular, pero también es una hierba emocional potente, capaz de curar los traumas cardíacos y añadir capas de protección: es otra hierba para el corazón con espinas que lo blindará contra futuros desengaños.

La agripalma pertenece a la familia de la menta, pero crece en espirales altas como una dedalera. Estas espirales florecen con bonitas flores rosas a mediados del verano y están salpicadas de hojas simples que sobresalen como las patas de un ciempiés: la agripalma tiene un aspecto muy característico y queda muy bien en la parte trasera de los linderos de cualquier jardín. Es originaria del Reino Unido y Europa continental, donde crece como mala hierba de forma silvestre. Como la mayoría de las malas hierbas, no tiene preferencias en cuanto a las condiciones de cultivo y crece tanto a plena sombra como a pleno sol.

Toda la hierba se utiliza para hacer medicinas, así que recoge la planta justo por encima del suelo y cuélgalas en manojos para que se sequen. Desmenuza las hojas y las flores de los tallos y guárdalas en un recipiente seco hasta que las necesites. A diferencia de otras mentas, la agripalma tiene un sabor muy amargo, lo que significa que no sabe muy bien si se prepara en infusión, a menos que se combine con sabores más agradables.

Dado que la agripalma es una hierba refrescante y amarga, también entra en la categoría de las hierbas secantes. Esto la convierte en un tónico excelente para eliminar el exceso de calor y humedad del cuerpo. La agripalma alivia el ardor de estómago y la indigestión, y también merece la pena tomarla si se padecen enfermedades que dejan líquido en los pulmones, como la neumonía.

Durante mucho tiempo, la agripalma se ha utilizado como tónico para las palpitaciones cardíacas, las afecciones nerviosas y los desmayos. Se la conoce como fortalecedora cardíaca y nerviosa, una hierba que actúa sobre el sistema nervioso y le presta apoyo. La combinación de estas dos cualidades significa que hace maravillas para combatir los signos y síntomas del estrés, como la hipertensión, el ritmo cardiaco irregular y la sensación de tener mariposas en el estómago.

Los principios activos de la agripalma son flavonoides, alcaloides e iridoides. Los alcaloides se utilizan a menudo para tratar problemas cardiacos, y estos antioxidantes son excelentes para proteger el corazón de daños, tanto físicos como emocionales. La agripalma también se conoce como emenagogo, lo que significa que estimula y favorece el flujo sanguíneo. Esto puede ayudar a regular el sistema reproductor femenino y favorecer la menstruación en casos de amenorrea. Por este motivo, las personas propensas a sufrir trastornos hemorrágicos y las embarazadas deben evitar tomar agripalma.

Por su capacidad para afectar al sistema reproductor femenino, la agripalma está alineada con el planeta Venus. Venus es también el planeta que rige el amor, lo que vincula aún más a la agripalma con el chakra del corazón. Por último, tanto Venus como la agripalma ejercen su influencia de forma suave y delicada, lo que la convierte en una hierba ideal para restablecer el equilibrio emocional y espiritual sin tener que tolerar muchos efectos secundarios.

RECETAS Y RELAJACIÓN

Jarabe Potenciador de la Felicidad del Corazón

Los jarabes son medicinas dulces que se elaboran reduciendo las decocciones y añadiendo algo azucarado para darles sabor. Lo último que quieres cuando tienes el corazón roto es tener que tragar algo amargo, así que alegra tu paladar y tu corazón con este dulce reconstituyente. La siguiente receta rinde aproximadamente un litro y puede conservarse en el refrigerador hasta 45 días.

Necesitarás:

- 2 cucharadas de rosa mosqueta seca
- 2 cucharadas de bayas de espino seco
- 2 cucharadas de frambuesas secas
- 1 cucharada de raíz de jengibre seca
- 1 taza de brandy
- 1 taza de miel, de ser posible orgánica
- 1 cucharada de agua de rosas

Cocer a fuego lento 4 tazas de agua. Añadir las hierbas secas y dejar reposar durante media hora. Cuando hayas extraído todo lo bueno de las hierbas, cuela la decocción resultante con una malla fina. Añade suavemente la miel, sin dejar de remover la mezcla hasta que la miel se haya fundido por completo en el agua. Repetir la operación con el brandy y el agua de rosas. Decantar el jarabe en un tarro de cristal para guardarlo. Tomar una cucharada sopera hasta tres veces al día según sea necesario.

TRUFAS para el Camino Hacia el Chakra del Corazón

Los chocolates se asocian desde hace mucho tiempo con el amor y a menudo simbolizan la entrega de afecto. Además, el cacao es una excelente hierba para el corazón con propiedades antioxidantes, ¿qué más excusa necesitas para darte un capricho? No hay una dosis fija para esto; siéntete libre de picarlos cuando necesites un pequeño estímulo amoroso.

Necesitarás:

- ⅔ de taza de cacao en polvo (o cocoa en polvo, aunque esto es menos beneficioso)
- ¼ de taza de manteca de cacao
- 1 cucharada de bayas de espino blanco, en polvo
- ½ cucharadita de canela
- ½ cucharadita de jengibre en polvo
- 1 cucharadita de pétalos de rosa, en polvo
- una pizca de cayena en polvo
- 2-3 cucharadas de miel cruda

En primer lugar, tendrás que derretir la manteca de cacao en un recipiente resistente al calor. Es preferible ponerla al fuego sobre una olla con agua, pero si quieres usar el microondas, ten cuidado de que no se queme. Incorpora el resto de los ingredientes a la mantequilla derretida, reservando ⅓ del cacao en polvo para cubrir las trufas.

Deja enfriar la mezcla en el refrigerador hasta que esté firme. Con una cuchara, toma una cantidad del tamaño de una nuez y pásala por el cacao en polvo restante hasta obtener una bola recubierta de chocolate. Guarda las trufas en un recipiente hermético en el frigorífico y cómelas cuando las necesites.

Batido para el Amor Propio

Los batidos se han convertido en una forma muy popular de consumir fruta y verdura a diario, y también son estupendos para después de entrenar o como bebida para el desayuno. Este es muy sencillo y está repleto de frutas jugosas y antioxidantes que le darán a tu cuerpo un poco de amor. Este es de un verde brillante y vibrante diseñado para vigorizar tu chakra del corazón.

Necesitarás:

- 2 manzanas verdes, peladas y sin corazón.
- ½ taza de piña, fresca o en conserva
- ½ taza de mango, congelado
- 1 taza de kale tierna

Tritura todos los ingredientes en tu batidora o licuadora, añadiendo un poco más de agua o jugo de manzana si quieres que tu batido tenga una textura más fina. Si no tienes mango congelado, puedes utilizar trozos frescos, pero añade unos trocitos de hielo para espesarlo.

MEDITACIÓN DE SANACIÓN DEL CORAZÓN

Tu corazón es un órgano tan importante que merece una meditación especial que se centre en recargar y abrir su capacidad para el amor. Dado que está asociado con el chakra del corazón, podemos utilizar muchas influencias chakrales para ayudar a estimularlo y fortalecerlo. Tu chakra del corazón está relacionado con el sentido del tacto, por lo que vamos a combinar un suave masaje con esta meditación para recargar tu energía. Si tienes algunos cristales o piedras, puedes usarlos en el masaje; buenas piedras preciosas para el chakra del corazón incluyen cuarzo rosa, jade, esmeralda, aventurina y covelita. También puedes impregnar tu espacio tranquilo con un poco de agua de rosas o aceites esenciales de rosa.

- Siéntate en una posición cómoda con los hombros hacia atrás y el pecho abierto. Respira profunda y lentamente contando hasta cuatro. Siente cómo tus pulmones se expanden en tu pecho, llenándote de oxígeno. Exhala con fuerza, imaginando que el aire de tus pulmones se precipita hacia tus órganos. Sé consciente de tu diafragma mientras respiras; debería expandirse para que tus pulmones llenen todo tu pecho. Coloca tus manos en tu diafragma y siéntelo moverse. Repite esto durante 10 respiraciones.

- Mueve tus manos desde tu diafragma hasta el centro de tu esternón. Si tienes piedras preciosas, sostenlas entre tus dedos y colócalas sobre tu piel; de lo contrario, utiliza las yemas de tus dedos. Masajea hacia arriba y hacia afuera desde tu esternón en pequeños círculos, inhalando mientras avanzas. Exhala mientras tus dedos vuelven al centro. Cierra los ojos e imagina que estás dibujando estos círculos alrededor del borde de un círculo verde brillante que se vuelve más brillante con cada respiración que tomas. Cuando estés listo, toma una última respiración profunda y, al exhalar, imagina que la luz verde sale de tu chakra del corazón y viaja por el mundo, tocando todo lo que amas.

- Mira hacia tu interior e imagina que ahora te queda una pequeña luz rosa en el centro de tu pecho. Ese es el amor que has guardado para ti mismo. Observa cómo crece fuerte y brillante, simbolizando tu fortaleza de carácter, tu valentía y tu valía. Termina con cinco respiraciones más, entonando la sílaba *yam* en cada exhalación. Abre lentamente los ojos y contempla el amor y la belleza del mundo que te rodea.

SANACIÓN DE LOS PULMONES CON LA NATURALEZA

El segundo órgano importante asociado al chakra del corazón son los pulmones. El corazón está regido por el Sol, pero los pulmones corresponden al planeta Mercurio. Este planeta se ocupa de la información y del sistema nervioso, y estas cualidades convergen en los pulmones en forma de una emoción particular: la pena. La pena reciente es dolorosa y dinámica, produce lágrimas y aullidos de angustia. Se procesa en el corazón, donde se siente profundamente y finalmente se supera. Los pulmones se ocupan de las penas no resueltas, la eterna sensación de que falta algo. Se trata de la pena que agota las emociones y nos hace sentir lentos y desconectados de la realidad.

La pena puede permanecer en los pulmones durante años sin que nos demos cuenta. A veces arrastramos sentimientos de dolor de nuestra infancia que nunca llegamos a afrontar del todo porque éramos muy jóvenes e incapaces de comprender. Otras veces, el dolor que nos embarga es ancestral y proviene de generaciones de dolor, persecuciones, secretos y mentiras.

CÓMO PUEDE AFECTAR LA PENA RETENIDA A NUESTRO BIENESTAR

Almacenar el dolor durante mucho tiempo puede ser perjudicial y agotador para los pulmones. Los sobrecarga y agota su energía, creando bloqueos en el flujo alrededor de tu cuerpo energético. Con los pulmones en un estado emocional debilitado, son más susceptibles a los problemas físicos. Esto incluye enfermedades pulmonares como la neumonía, la bronquitis, los resfriados y las infecciones torácicas. Incluso puede ser la razón por la que a una persona le resulte difícil dejar de fumar, ya que una energía debilitada a menudo conduce a tendencias adictivas.

Cuando hablamos de pena, a menudo nos centramos en la idea de tristeza y pérdida, pero la pena también puede surgir de la ira. Si recientemente has tenido un desacuerdo o una discusión airada con alguien, podrías estar guardando el dolor de esa discusión. Esta emoción negativa puede restar energía a tu sistema inmunitario, invitando a los virus del resfriado a instalarse. A menudo, la resolución de este dolor puede eliminar los resfriados más rápido que los medicamentos de venta libre.

SANACIÓN PULMONAR CON HERBALISMO ESPIRITUAL

Aunque tanto el corazón como los pulmones están gobernados por el chakra del corazón, se comportan de maneras completamente diferentes y responden a hierbas con cualidades distintas. Mientras que al corazón le gustan las hierbas cálidas (aunque no exclusivamente), los pulmones responden mejor a las hierbas refrescantes y húmedas que reparan las delicadas membranas mucosas internas. Las siguientes hierbas se han utilizado durante miles de años para tratar enfermedades pulmonares o como tónicos para promover la salud pulmonar.

GORDOLOBO (VERBASCUM THAPSUS)

El gordolobo es otra maravillosa planta silvestre que se encuentra en Europa, Asia y las partes del norte de África, así como en los Estados Unidos. Es una planta de setos y tiende a aparecer en campos que han vuelto a la naturaleza, así como a lo largo de carreteras, edificios abandonados y en cualquier lugar donde los humanos no han comenzado a interferir. Esta planta distintiva puede crecer hasta 2 metros de altura y está coronada por una espiga de flores amarillas. Sus hojas son largas y anchas en la base del tallo, se estrechan hacia una forma más delgada y el color se vuelve más claro en la parte superior.

Las hojas y las flores se utilizan con fines medicinales, ya sea frescas o secas. Puedes extraer aceite de gordolobo de ambas partes, y esto hace una pomada efectiva para el eccema y otras irritaciones cutáneas. El gordolobo también contiene saponinas, flavonoides, iridoides y polifenoles, lo que proporciona muchas propiedades antiinflamatorias y antioxidantes en una sola hierba.

Deberías poder encontrar gordolobo creciendo en estado salvaje, y si encuentras una planta, encontrarás cientos más porque dispersan sus semillas a lo largo y ancho. Debido a que está acostumbrado a la vida en la naturaleza, el gordolobo es fácil de cultivar y requiere poco cuidado. Siembra las semillas al aire libre en otoño, ya que necesitan el frío del invierno para iniciar su crecimiento. Las plantas prosperarán tanto a pleno sol como a media sombra y en todo tipo de suelos.

Los antiguos griegos usaban gordolobo para tratar la tos y los pulmones congestionados hace más de dos mil años. El gordolobo tiene un efecto tan fuerte en los pulmones que incluso se usaba para tratar la tuberculosis y el asma antes de que se generalizaran los métodos farmacéuticos que usamos hoy en día. En la actualidad, el gordolobo se utiliza principalmente por su mucílago, una sustancia espesa y gelatinosa que es excelente para calmar la inflamación y reducir la irritación, especialmente en el tejido pulmonar.

El gordolobo es una hierba de energía refrescante con un carácter húmedo que le otorga una afinidad natural con los pulmones. Tus pulmones no pueden absorber oxígeno de manera efectiva si están secos, por lo que su tejido debe mantenerse húmedo y recubierto por una fina capa de mucosidad. Cuando se inflaman o irritan, esto puede aumentar la temperatura y hacer que esta humedad se seque, por lo que el tratamiento con hierbas húmedas y refrescantes es imprescindible.

Otro superpoder del gordolobo es que funciona como un expectorante, ayudando a remover bloqueos de mucosidad densa que pueden acumularse cuando tienes un resfriado o si se han introducido toxinas como el humo del cigarrillo en tus pulmones. Los expectorantes despegan esta mucosidad y te ayudan a toserla, liberando tu cuerpo de contaminantes físicos pero también ayudando a expulsar contaminantes emocionales.

Aunque el gordolobo tiene una energía refrescante, está asociada con el elemento fuego. De hecho, las hojas secas de gordolobo se han utilizado para hacer mechas de velas y llevar luz a la oscuridad durante siglos. Su correspondencia planetaria es con Mercurio y Saturno, lo que significa su doble función como tratamiento tanto para el sistema respiratorio como para la piel.

El gordolobo es una hierba suave con pocos efectos secundarios o contraindicaciones. No se han realizado muchos estudios sobre sus efectos durante el embarazo y la lactancia, por lo que se debe evitar en estas situaciones. A veces, el aceite de gordolobo aplicado externamente puede causar una irritación cutánea llamada dermatitis de contacto, por lo que es buena idea realizar una prueba de parche antes de usarlo, especialmente si tienes la piel sensible.

Eucalipto (Eucalyptus Globulus)

Esta hierba es originaria de la isla de Tasmania, pero ha sido introducida en el Mediterráneo y otras regiones subtropicales, donde se cultiva en plantaciones. Es una hierba básica de la herboristería aborigen, donde se utilizaba por vía tópica para ayudar a cicatrizar las heridas. También se ha adoptado en la medicina ayurvédica y en la medicina tradicional china, donde se le reconocen propiedades antisépticas y antimicrobianas.

Aunque algunas formas de eucalipto no superan la altura de un arbusto, esta forma puede alcanzar los 70 metros. Tiene una característica corteza exterior azul que oculta una corteza interior más suave, de color crema. Las hojas del eucalipto pueden alcanzar los 30 cm de largo y son de un verde oscuro brillante con textura cerosa. En verano, los árboles se cubren de flores blancas con pétalos puntiagudos que parecen anémonas de mar. Las abejas y los insectos los adoran, lo que los convierte en un gran complemento para un jardín respetuoso con el medio ambiente.

Si quieres cultivar eucaliptos en casa, lo mejor es optar por una versión arbustiva, a menos que dispongas de una superficie de cultivo considerable. Plántalos en un lugar soleado y asegúrate de que el suelo no sea demasiado pantanoso. Sus hojas caen hacia abajo como las de un sauce, lo que les da su aspecto característico, y pueden podarse para restringir su crecimiento si es necesario.

El eucalipto posee una cualidad calorífica que le ayuda a reducir y estabilizar las inflamaciones. Su afinidad con el sistema respiratorio lo alinea con el planeta Mercurio. Hoy en día, se utiliza comúnmente como descongestionante para despejar la nariz tapada y aliviar el dolor de garganta. El eucalipto es otro expectorante que ayuda a eliminar la mucosidad y las toxinas de los pulmones.

Los componentes activos del eucalipto que lo convierten en una gran hierba curativa son los flavonoides, taninos y aceites esenciales llamados cineol y pineno, este último con propiedades antiinflamatorias y antioxidantes. Estos aceites esenciales se extraen de las hojas del eucalipto y se utilizan en la medicina moderna para eliminar la mucosidad de las fosas nasales, la garganta y los pulmones. Respirar un baño de vapor de eucalipto proporciona un alivio casi instantáneo de la obstrucción de los senos nasales y eliminará la mucosidad que puede acumularse en los pulmones durante una infección torácica. No debes ingerir aceite de eucalipto, pero puedes preparar una deliciosa taza de té con las hojas secas.

Las hojas secas de eucalipto son seguras, incluso para los niños. De hecho, el eucalipto es un ingrediente que se encuentra a menudo en pomadas para el pecho de los niños, complementos de aceites esenciales y aceites de baño calmantes. Sin embargo, el aceite esencial puede ser tóxico en grandes cantidades o si se utiliza durante un periodo prolongado. Nunca debe utilizarse internamente ni administrarse a los niños.

Helenio (Inula Helenium)

El helenio es una hierba de origen británico que se ha transportado por todo el mundo para su cultivo y actualmente se encuentra también creciendo de forma silvestre por el resto de Europa y las zonas templadas de Asia y Norteamérica. Prefiere crecer en pastizales silvestres y campos abiertos, junto a la carretera y en la base de acantilados y montañas. El helenio prospera en suelos húmedos y zonas sombrías donde pueda crecer sin ser molestado.

Supongamos que quisieras plantarlo en tu jardín; el helenio prosperaría detrás de un conjunto herbáceo con otras flores silvestres. Las plantas pueden alcanzar 1,5 m de altura y tienen tallos que surgen de una base de hojas largas y finas de color verde. En verano, estos tallos están coronados por un ramillete de cabezas parecidas a margaritas con grandes centros amarillos y pétalos largos, finos y amarillos. Son muy características y atractivas, y aportan un toque soleado a cualquier jardín.

Las plantas se recolectan por sus raíces, que se cosechan de plantas de unos dos años. Las raíces de helenio contienen inulina, un prebiótico amiláceo muy beneficioso para la salud digestiva. También actúa en profundidad dentro de los pulmones añadiendo una capa protectora a los bronquios y se ha utilizado eficazmente durante cientos de años como tratamiento para enfermedades que van desde la tos común y los resfriados hasta la tuberculosis. Otros componentes medicinales importantes del helenio son el mucílago, las saponinas, los alcaloides y los aceites esenciales.

El elecampane es también una hierba curativa emocional. Se adhiere al dolor oculto y estancado y lo saca a la superficie, listo para ser expulsado. Tiene energías cálidas y secas, que rompen las viejas membranas mucosas y estimulan el crecimiento de nuevas capas para reemplazarlas. Esto estimula la renovación del tejido pulmonar y provoca un cambio positivo al crear movimiento. Regido por Saturno, el helenio es una hierba verdaderamente universal, demostrando ser un tónico maravilloso no sólo para los pulmones, sino también para el sistema digestivo, el útero y los tejidos blandos.

Esta hierba no debe ser tomada por mujeres embarazadas o en período de lactancia. Si estás tomando algún tipo de medicación prescrita para una enfermedad existente, siempre debes hablar con tu médico antes de tomar cualquier hierba, incluyendo el helenio. No tomes más de la dosis recomendada, ya que puede causar diarrea y náuseas en grandes cantidades.

RECETAS Y MEDITACIONES PARA LIBERAR LAS PENAS

Jarabe Descongestionante

Esta fórmula es un tratamiento eficaz para la congestión pulmonar que parece que no puedes eliminar. Combina varias hierbas expectorantes para eliminar la mucosidad, pero también para desalojar el dolor reprimido, de modo que puedas limpiarte física y emocionalmente a la vez. Las hierbas se enumeran por partes, por lo que puedes preparar un frasco grande de hierbas mezcladas, listo para preparar tés, tinturas y jarabes frescos de acuerdo a tus necesidades.

Necesitarás:

- 2 partes de raíz de regaliz
- 1 parte de helenio
- 1 parte de equinácea

- 1 parte de canela
- 1 parte de malvavisco
- ¼ parte de jengibre

Mezcla bien las hierbas secas y guárdalas en un recipiente hermético hasta que las necesites. Para preparar el
jarabe, añade 2 onzas de la mezcla a una olla y completa con
1 litro de agua fría. Cuécelo a fuego lento hasta que el
líquido se reduzca a medio litro, cuela las hierbas y vuelve a
ponerlo al fuego. Añade 1 taza de miel y remueve hasta que
esté bien mezclado. Si se deseas, también se puedes añadir
una cucharada de brandy. Retíralo del fuego y déjalo enfriar
antes de verterlo en una botella o tarro de cristal. Guárdalo
en el refrigerador. Tomar 1 cucharadita según sea necesario,
hasta tres veces al día.

Té Reparador de las Vías Respiratorias

 Para que las vías respirato-
rias y los pulmones estén en
perfectas condiciones, deben
mantenerse húmedos. Esto se
consigue mediante una fina
capa de mucosidad útil que
recubre todos los conductos. Sin
embargo, ésta puede secarse
cuando hay inflamación o congestión llena de cuerpos extra-
ños, como virus, bacterias y humo de cigarrillo. Este té es

una gran manera de animar a tu cuerpo a reponer esta membrana mucosa, así como a eliminar parte de la mucosidad vieja e ineficaz.

Necesitarás:

- 1 ½ cucharadita de hierba de gordolobo, seca
- 1 cucharadita de hojas de eucalipto secas
- 1 cucharadita de raíz de malvavisco, seca
- Miel para endulzar

Hierve 1/2 litro de agua en el fuego, añade las hierbas secas y mantén el hervor durante 10 minutos. Cuela la infusión en una taza y añade miel al gusto. Puedes utilizar otros edulcorantes si lo prefieres, pero la miel es estupenda porque también es calmante para los dolores de garganta, así que si te sientes un poco indispuesto, es una ventaja añadida.

LIBERACIÓN DE LA PENA MEDIANTE LA SANACIÓN CON SONIDOS

Tus pulmones están hechos naturalmente para la liberación, pero a veces necesitan un poco de ayuda para limpiarse. Aunque eliminar el dióxido de carbono es fácil, tus pulmones también deberían ser capaces de utilizar tus exhalaciones para eliminar la energía negativa, la pena retenida y las emociones de agotamiento. Una forma de hacerlo es a través de la sanación con sonido.

- Colócate en posición neutra con los pies firmemente plantados en el suelo. Levanta los brazos por encima de los hombros, con los codos doblados de modo que las puntas de los dedos queden junto a las orejas. Empuja los codos hacia atrás de modo que tiren de los hombros y abran completamente el pecho. Inclina ligeramente la cabeza hacia atrás para enderezar la garganta.
- En esta posición, respira profundamente, sintiendo cómo se llena cada parte de tus pulmones. Al exhalar, haz un largo silbido y visualiza que tu respiración saca toda la pena y la negatividad de tus pulmones. Imagina este aliento contaminado como un color gris oscuro y observa cómo abandona tu cuerpo y se aleja flotando.
- Ahora, baja las manos hacia el pecho y coloca una sobre cada pulmón. Respira profundamente por la nariz, esta vez visualizando que la energía limpia y blanca llena tus pulmones, penetrando en todos los orificios aéreos y en todos los surcos del tejido.

Puedes repetir este ejercicio tantas veces como necesites para ayudar a tus pulmones a vaciar sus reservas de dolor. Si la pena está muy arraigada, se necesitará más de un ciclo de respiraciones para ponerla en movimiento, y más aún para eliminarla por completo, por lo que es posible que desees realizar este ritual con frecuencia.

5

EL CHAKRA DE LA GARGANTA

Este es el quinto de los chakras, contando hacia arriba desde el chakra raíz en la base de la columna vertebral. El chakra de la garganta, también llamado Vishuddha, se encuentra exactamente donde cabría esperar: en la garganta. Más concretamente, se encuentra en el punto donde la garganta se une con el centro de las clavículas. Gobierna las habilidades de comunicación, tanto verbales como no verbales. Como parte de esto, tu chakra de la garganta es también el centro de tu inspiración y expresión creativa.

ASOCIACIONES CON EL CHAKRA DE LA GARGANTA

El chakra de la garganta es el vínculo entre el corazón y el cerebro. Ambos tienen su propio sentido de la intuición que guía su proceso de toma de decisiones, pero no siempre están necesariamente de acuerdo. El chakra de la garganta es el punto de equilibrio entre ambos, sopesa los pros y los contras de la cabeza y el corazón y, finalmente, te permite decir tu verdad. La verdad es algo poderoso y debemos utilizarla con sabiduría y cuidado para defendernos a nosotros mismos, defender nuestras creencias y a aquellos que necesitan nuestra ayuda. Un chakra de la garganta fuerte y estable te dará el poder para hacerlo.

Expresar tu verdad también implica autoexpresarte, y las formas en que haces saber al mundo quién eres tienen su origen en el chakra de la garganta. Es el centro de tu energía interna y la manifestación de tu personalidad e individualidad. También es el centro de tu expresión creativa y de cómo comunicas tu arte al mundo.

La comunicación eficaz requiere un equilibrio entre hablar y escuchar, y el chakra de la garganta gobierna tanto la garganta como los oídos. Si tu chakra está desequilibrado, no prestarás la misma atención a ambas partes de la conversación, lo que afectará drásticamente a tu capacidad para comunicarte con los demás y con el mundo que te rodea.

Si tu chakra de la garganta está bien equilibrado y permite que tu energía vital fluya sin problemas, te resultará cómodo y fácil hablar con los demás o ante un público. Comunicar tus necesidades, opiniones e ideas suscitará respuestas positivas de los demás, y disfrutarán escuchándote porque tu discurso será agradable y estará bien construido.

¿QUÉ INFLUYE EN EL CHAKRA DE LA GARGANTA?

El chakra de la garganta está asociado con el elemento del éter o espacio, también conocido como Akhasa. En Occidente sólo estamos acostumbrados a cuatro elementos -tierra, agua, fuego y aire-, pero las disciplinas orientales hablan de un quinto elemento que abarca aspectos más etéreos. El éter es el tejido del alma y el elemento más puro: por eso el chakra de la garganta recibe el nombre de Vishuddha, que significa "pureza".

El chakra de la garganta también está influido por Mercurio, el planeta de la comunicación. Mercurio no sólo permite la comunicación verbal, sino que rige la forma en que nuestros cuerpos y cerebros escuchan lo que el universo nos dice a través de nuestros cinco sentidos y nuestra intuición. Comunicar las imágenes, los sonidos, los olores, los sabores y las sensaciones del mundo depende del chakra de la garganta, y si tu energía está desequilibrada, es posible que sientas que no estás en sintonía con la realidad.

Todos los chakras tienen una deidad hindú que los vigila, y para el chakra de la garganta, ésta es Sadashiva. Sadashiva es una de las formas de Shiva, el dios de la destrucción. En esta forma, Sadashiva tiene cinco caras que representan las fuerzas del universo. El cinco es un número importante aquí, ya que el chakra de la garganta encarna el quinto elemento, los cinco sentidos, y es el quinto chakra.

Al igual que el chakra del corazón, el chakra de la garganta también está alineado con la luna llena. Es el momento de aceptar plenamente quién eres y lo que aportas al mundo.

Si eres una persona creativa, por ejemplo, un cantante, escritor o pintor, deberías aprovechar la luna llena para empezar un nuevo proyecto o limpiar las telarañas y los bloqueos creativos que han estado obstaculizando tu trabajo. Durante la luna llena, tu creatividad y tus poderes de comunicación estarán en su punto álgido, así que asegúrate de aprovecharlos al máximo.

Otra forma de aprovechar el chakra de la garganta es canalizando el color azul. El tono en sí no es importante, pero procura ceñirte a los azules verdaderos en lugar de tender hacia una mezcla de verde y azul, como el turquesa. El azul es un color relajante que favorece la calma, pero también está relacionado con la curación y la comunicación. En la terapia del color, los tonos azules se utilizan para animar a los pacientes a expresar sus sentimientos y verdaderos deseos, algo que parece muy propio del chakra de la garganta.

CÓMO SABER SI TU CHAKRA DE LA GARGANTA NECESITA AYUDA

Un chakra de la garganta bloqueado no te impedirá comunicarte por completo -aunque perder la voz de repente puede ser un signo de que tus energías están desequilibradas-, pero significará que te resultará más difícil que te escuchen y te entiendan.

Algunos de los signos de un chakra de la garganta desequilibrado son:

- Sentirse tímido e incómodo frente a otras personas. Es posible que te preocupe lo que piensen de ti o que te inquiete no encajar.
- Mayor sensibilidad a los ruidos fuertes. Esto puede referirse tanto a ruidos repentinos, como fuegos artificiales o sirenas, como a niveles generales de ruido elevados, propios de un bar, un restaurante concurrido o un partido de béisbol.
- Dificultad para expresar o reconocer el tono. Los hablantes con un chakra de la garganta deficiente suelen hablar en un solo tono monótono y sin inflexiones. También puede resultarles difícil cantar en el tono adecuado, ya que desviarse de su tono habitual no les resulta natural.
- Ser quejumbroso, astuto y manipulador. En este caso, la comunicación se centra en obligar o persuadir a los demás para que hagan cosas, en lugar de escuchar sus deseos y necesidades. Quejarse si no se sale con la suya es otra señal a tener en cuenta en las personas con chakras de la garganta poco activos.

- Hablar constantemente por encima de los demás, tener que decir la última palabra y desestimar las opiniones de los demás. Mantener una conversación con una persona así, es como ser arrollado por un tren que avanza lentamente sin tener en cuenta tus intereses o tu bienestar.

- Sufrir el bloqueo del escritor o tener la sensación de que la inspiración te ha abandonado. El exceso de energía del chakra de la garganta te impide escuchar los mensajes del universo y encontrar a tu musa.

- Los chakras desequilibrados también pueden provocar síntomas físicos. Verás que las partes del cuerpo que tienen afinidad con este chakra - la garganta, la nariz, las orejas, los hombros, el cuello y la glándula tiroides- empiezan a mostrar signos de infelicidad.

- Las indicaciones físicas de un chakra desequilibrado podrían incluir:

- Tener una glándula tiroides hiperactiva o hipoactiva. Esto puede provocar desequilibrios hormonales, aumento de peso y bajos niveles de energía.

- Problemas recurrentes de boca y dientes, como encías sangrantes y propensión a las caries.

- Resfriados y dolores de garganta. Los virus y las bacterias pueden arraigar en la garganta y los senos paranasales cuando el flujo de energía está debilitado. Si parece que siempre estás moqueando y estornudando, prueba a tratar el chakra de la garganta con infusiones curativas.

- Rigidez en los músculos del cuello y los hombros. El chakra de la garganta funciona como la válvula que conecta la cabeza y el corazón. Si no puede abrirse y liberar la energía y las emociones de cada uno, se acumularán y empezarán a afectar a la zona que rodea este chakra.

USO DE HIERBAS PARA DESBLOQUEAR EL CHAKRA DE LA GARGANTA

Cuando se trabaja con el chakra de la garganta, hay que tener en cuenta los chakras y los sistemas corporales situados por debajo de él. La garganta es un conducto entre los pulmones y el estómago, que aporta nutrientes y expulsa los productos químicos de desecho. Los bloqueos, la energía estancada o las emociones retenidas que se enconen debajo, enviarán energía negativa a través de la garganta. Las hierbas que actúan sobre el sistema digestivo, como el hinojo, la manzanilla y el diente de león, también benefician al chakra de la garganta.

Del mismo modo, las hierbas que tienen afinidad con los pulmones utilizarán sus cualidades antiinflamatorias y calmantes en la garganta, que comparte el mismo tipo de tejido y el mismo revestimiento mucoso. Es necesario emplear la garganta a la hora de eliminar los bloqueos de mucosidad y el dolor estancado de los pulmones, así que ten en cuenta que su energía se verá amortiguada por el paso de otras energías negativas. Un buen tónico para la garganta que mantenga tu chakra en equilibrio es vital para contrarrestar estas experiencias.

CURACIÓN DEL CHAKRA DE LA GARGANTA CON LA NATURALEZA

Las hierbas beneficiosas para la garganta tienden a ser de naturaleza limpiadora porque la garganta puede obstruirse con residuos, además de ser un blanco fácil para virus y bacterias. Recuerda que las hierbas funcionarán mejor si utilizas un suplemento de espectro completo, hierbas secas o incluso si cultivas las tuyas propias. Tener tu propio suministro de hierbas en tu jardín o cultivarlas en la cocina realmente fortalecerá tu relación con sus espíritus vegetales y asegurará que siempre estén trabajando en tu mejor interés.

Verás que muchas de las hierbas indicadas para ayudar a tu chakra del corazón -especialmente las que tienen afinidad con los pulmones- también serán beneficiosas para tu chakra de la garganta. Esto se debe a que el revestimiento de la boca, la garganta y los pulmones está formado por el mismo tejido mucoso. Utilízalas indistintamente o combínalas en recetas para preparar una taza de té relajante.

Advertencia **Sobre el Olmo Resbaladizo**

El olmo resbaladizo es un tipo de olmo originario de Norteamérica y ha sido muy apreciado por los herbolarios nativos americanos durante siglos debido a su corteza interior suave. Esta corteza actúa como un poderoso demulcente, una hierba que trata la inflamación y restaura las delicadas membranas mucosas que recubren la boca, la garganta y el tejido pulmonar.

El olmo resbaladizo es muy eficaz, pero esto ha provocado problemas de sobreexplotación. Lo más probable es que incluso el olmo resbaladizo que se compra en los comercios sea de origen silvestre, porque la prevalencia de enfermedades del olmo, como la enfermedad del olmo holandés, hace que sea difícil y poco rentable intentar cultivarlo. Básicamente, las enfermedades del olmo se propagan con tanta facilidad que acaban con plantaciones enteras antes de que los árboles hayan alcanzado la madurez.

Dado que la parte medicinalmente útil de la hierba procede de la corteza interior, sólo se alcanza arrancando la corteza exterior, un proceso al que es poco probable que sobreviva el árbol. Aunque los proveedores sostenibles cosechan con moderación y de ejemplares que han sido talados de forma natural, la demanda de corteza de olmo resbaladizo es tan alta que ha creado un nuevo tipo de delincuente: el cazador furtivo de olmos resbaladizos.

Como herbolarios espirituales responsables, no deberíamos utilizar el olmo resbaladizo como hierba hasta que las prácticas agrícolas más sostenibles se conviertan en la norma. Te insto a que utilices alternativas de origen más ético, como la raíz de malvavisco y las hojas de gordolobo, las cuales he incluido en detalle en este libro.

SALVIA (SALVIA OFFICINALIS)

La salvia es a menudo un ingrediente básico en la cocina (y en la limpieza energética y espiritual), pero mucha gente se olvida de sus maravillosas propiedades curativas para el cuerpo físico. Su nombre en latín se traduce literalmente como "salvación empleada en medicina", y fue utilizada con fines medicinales por los antiguos griegos, romanos y egipcios hace miles de años. Existen casi 1.000 tipos diferentes de plantas de salvia, que a su vez también forman parte de la familia de las plantas de menta, pero sólo unas pocas son comestibles o poseen poderes curativos. La salvia común que se encuentra en el supermercado es la mejor tanto para cocinar como para el bienestar. Esta variedad es originaria de Europa, sobre todo de la región mediterránea, pero hay otras -como la salvia blanca- que son originarias de los Estados Unidos y se utilizan en la herboristería de los nativos americanos.

La salvia común es un arbusto frondoso que no suele superar los 60 cm de altura. Sus hojas, de un verde polvoriento, son aterciopeladas y están cubiertas de pequeños hoyuelos, casi como la piel de un reptil. En los meses de verano, los arbustos florecen con diminutas flores púrpuras que crecen en tallos, separadas de las hojas. Es una de las plantas favoritas de abejas e insectos y constituye un magnífico complemento para cualquier jardín. Además, la salvia tolera muy bien las condiciones adversas y crece a cualquier temperatura, a pleno sol o a la sombra.

Se puede utilizar toda la planta (excepto la raíz) para curar. Corta ramilletes de salvia y cuélgalos para que se sequen, o toma hojas y flores frescas cuando las necesites. Las hojas contienen un aceite volátil que tiene muchas propiedades antisépticas, antioxidantes y antiinflamatorias. La salvia está bajo la influencia de Júpiter, lo que explica su gran variedad de usos. Las hierbas de Júpiter aportan vitalidad y alegría, y muchas son adaptógenas, lo que significa que son increíblemente intuitivas y se dirigen automáticamente hacia áreas problemáticas específicas.

De hecho, sería más rápido enumerar las afecciones en las que la salvia no puede ayudar, porque es una hierba adaptógena tan poderosa y útil que simplemente aporta energía curativa cada vez que se utiliza. La salvia tiene cualidades astringentes y antibacterianas que la convierten en un tratamiento excelente y calmante para el dolor de garganta, la tos, las infecciones de pecho y otros síntomas del resfriado y la gripe. Es una hierba secante y refrescante, que ayuda a contrarrestar la fiebre y la inflamación, y favorece la curación de quemaduras cuando se aplica tópicamente.

La salvia también es una hierba excelente para contrarrestar los síntomas de la menopausia y las menstruaciones dolorosas. Su acción desecante disminuye la retención de líquidos que puede provocar hinchazón y reduce la pérdida de sangre durante la menstruación. También puede utilizarse para secar la leche materna si ya no se necesita. Espiritualmente, la salvia es un poderoso limpiador. Se utiliza en los rituales de purificación para limpiar las casas de energía negativa y espíritus no deseados, y puede hacer lo mismo con el cuerpo, eliminando emociones no deseadas y energía fuera de lugar. En el chakra de la garganta, esto significa despejar el camino para que puedas seguir expresándote con la mayor plenitud posible.

Debido a su fuerte efecto desecante, la salvia no debe tomarse durante el embarazo o la lactancia, a menos que el objetivo sea reducir la producción de leche. Tampoco se recomienda a las personas que sufren convulsiones recurrentes. Lo anterior se aplica a una dosis medicinal, pero puedes utilizar la salvia para dar sabor a tus platos.

FLOR DE SAÚCO (Sambucus Canadensis or Sambucus Nigra)

Hay más de una variedad de saúco, y estas dos son muy parecidas. La variedad *canadensis* es originaria de América Central y del Norte, mientras que la *nigra* puede encontrarse en estado silvestre en toda Europa. Clasificado como arbusto grande o árbol pequeño, nos proporciona flores y bayas de saúco, ambas con usos medicinales que se han ido perfeccionando a lo largo de cientos de años. El saúco puede alcanzar los 3,5 metros de altura y tiene unas características hojas dentadas de color verde oscuro por arriba y más claro por abajo.

Las flores de saúco son de color crema y crecen en

umbelas: pequeñas flores que se agrupan en la parte superior de un tallo, un poco como un paraguas, con muchas umbelas que se ramifican desde el mismo tallo principal. Florecen a finales de la primavera y principios del verano, y maduran hasta convertirse en bayas de saúco en otoño. Se trata de una hierba fácil de recolectar debido a la abundancia de árboles silvestres en sus hábitats nativos. Al recolectar las flores, hay que tener cuidado de no llevárselas todas para que otros también puedan disfrutar de ellas y de las cosechas de bayas de saúco resultantes.

El saúco europeo fue venerado antaño entre las culturas celtas y paganas, que creían que los espíritus ancianos se trasladaban a los árboles y los convertían en sus hogares. Dejaban comida y bebida como regalo para los espíritus de los árboles, y siempre se les pedía permiso antes de cortar sus ramas. La herboristería espiritual moderna se remonta a estas primeras ideas, pero ya no sólo se considera que los saúcos alberguen espíritus vegetales. Aún más atrás, los antiguos egipcios utilizaban las flores de saúco para refrescar y aliviar problemas de la piel como erupciones y quemaduras solares, pero también para atenuar las arrugas.

Los saúcos son fantásticos para los herbolarios porque se pueden utilizar las flores, las bayas, las hojas y la corteza para tratar distintas dolencias. Sólo se consumen las flores y las bayas, siempre que se hayan secado o cocido antes, porque ambas contienen una sustancia química que puede liberar pequeñas cantidades de veneno de cianuro si se comen crudas. Las flores se utilizan principalmente por su aceite volátil, vitamina C, taninos y mucílagos.

Estas delicadas flores tienen energías secantes y refrescantes, lo que las convierte en un gran remedio para los resfriados y los senos nasales obstruidos: Pueden secar el exceso de mucosidad que causa obstrucciones e irritación sin sobrecalentar ni dañar el revestimiento de la nariz y la garganta. Sus propiedades refrescantes pueden ayudarte a restablecer o mantener la temperatura óptima del cuerpo, tanto en un día caluroso como si tienes fiebre.

Las flores de saúco pueden reducir el nivel de azúcar en sangre, por lo que no deben tomarlas quienes padezcan diabetes u otros problemas de hipoglucemia, ni quienes vayan a someterse a una intervención quirúrgica. No hay muchos estudios sobre los efectos de la flor de saúco durante el embarazo y la lactancia, por lo que es mejor evitarla en estas circunstancias. Si consumes demasiada flor de saúco, debes acudir inmediatamente a una consulta médica.

Raíz de malvavisco *(Althaea Officinalis)*

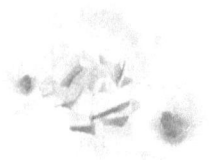

Aunque evoca imágenes de gigantescos y esponjosos malvaviscos creciendo en los árboles, lo único que crece de esta planta que suena deliciosa son flores rosas y blancas. Alcanza un máximo de 1,5 m de altura, sus hojas tienen forma de corazón y están cubiertas de un suave vello por ambos lados. Esta planta es originaria de Asia, pero actualmente crece feliz en todo el mundo, al igual que su prima, la malva común (*malva neglecta*), y prospera cuando está bien cuidada en un jardín.

Sus flores, hojas y raíces se utilizan con fines medicinales. Las flores y las hojas se recogen a principios de otoño y se cuelgan en manojos para que se sequen. Las raíces se recogen mejor de una planta de dos o tres años: esto permite que crezcan bien los rizomas. Se desentierran en otoño, se cortan en trozos cuando aún están frescas y se secan por secciones.

El malvavisco es una hierba refrescante y humectante, por lo que armoniza perfectamente con el entorno del sistema respiratorio, la boca y la garganta. Es un demulcente, un emoliente y un expectorante eficaz; tres cualidades que demuestran su eficacia en el tratamiento de desequilibrios, enfermedades e infecciones que se producen alrededor de la garganta y el chakra de la garganta. El malvavisco se corresponde con la luna y Venus, dos energías planetarias suaves que están en sintonía con tu energía femenina y tu intuición. La influencia principal de la luna se ejerce sobre el intestino y la eliminación eficaz de los residuos, pero esto también se alinea con el chakra de la garganta, ya que es el conducto por el que se eliminan los residuos de los pulmones.

Las recetas tradicionales de malvavisco proceden de todo el mundo. En China, la raíz de malvavisco se utiliza como tratamiento para los sofocos y la sudoración nocturna, mientras que en zonas de Oriente Medio se utilizaba en la cocina como sustituto de otros alimentos más caros. Los herboristas árabes utilizaban las hojas como tratamiento tópico para irritaciones y erupciones cutáneas.

Hoy en día, el malvavisco es reconocido por sus maravillosas propiedades calmantes y curativas. Es rico en el mucílago químico que, como ya hemos mencionado, repara el revestimiento mucoso de la garganta y los pulmones. La raíz de malvavisco puede utilizarse como tratamiento eficaz para la tos, el dolor de garganta y las úlceras bucales recurrentes. También es un tónico eficaz para mantener el sistema respiratorio y proporcionar protección diaria contra partículas transportadas por el aire como la contaminación, el humo y el polen. Se suele tomar como suplemento o infusión de raíz de malvavisco.

La raíz de malvavisco puede causar algunas interacciones no deseadas con medicamentos de prescripción, por lo que siempre debes consultar con tu médico antes de tomarla. Debido a sus cualidades demulcentes, puede interferir en la absorción de medicamentos a través de la mucosa del estómago, por lo que su dosis puede dejar de ser la correcta. No ajustes tu propia dosis. También se producen inconvenientes conocidos con la medicación para el litio y la diabetes, ya que el malvavisco actúa de la misma manera, aumentando el efecto.

TRÉBOL rojo o trébol violeta (Trifolium Pratense)

El trébol rojo es una hierba silvestre abundante que puede encontrarse en prados, pastos, bosques, bordes de carreteras e incluso en las montañas. Originaria de Europa y Asia, fue traída a Norteamérica por los colonos, que la introdujeron en esas tierras. Tiene hojas pequeñas, verdes y trifoliadas, es decir, agrupadas de tres en tres, de las que nacen tallos delgados con cabezas florales en la parte superior. Las flores del trébol rojo están formadas por muchos pétalos finos de color púrpura rojizo en forma de piña. Las flores se recolectan por sus propiedades medicinales.

Desgraciadamente, el trébol rojo se considera una mala hierba, lo que le da una mala reputación; en realidad, es una planta increíblemente beneficiosa y útil para cultivar en el jardín. Sus largas y profundas raíces ayudan a fijar el suelo y a evitar la erosión. También es una de las favoritas de las abejas porque sus flores están llenas de néctar y polen. Plántalo como parte de una sección de flores silvestres donde pueda crecer alto, o utilízalo como sustituto de la hierba en un camino ornamental: el trébol rojo es tan resistente que no le importa que lo pisen y lo poden corto.

Tradicionalmente, el trébol rojo se ha utilizado para aliviar la fiebre, curar los resfriados y reparar los tejidos afectados por enfermedades pulmonares como la bronquitis y la tuberculosis, así como en aplicaciones externas para calmar las irritaciones cutáneas. Incluso se llegó a prescribir como tratamiento contra el asma. El trébol rojo tiene una energía refrescante, de ahí su afinidad con la boca y la garganta. Sus componentes activos incluyen flavonoides, polisacáridos e isoflavonas, un tipo de fitoestrógeno que tiene un efecto en el organismo similar al de su propio estrógeno.

Una de las fantásticas cualidades del trébol rojo es que funciona como una alternativa, lo que significa que ayuda al cuerpo a volver a un estado normal. Para ello, elimina los productos de desecho y purifica el torrente sanguíneo. También es antiespasmódico y expectorante, por lo que es otra hierba excelente para limpiar los pulmones, tanto de mucosidad obstruida como de energía negativa. El trébol rojo se combina a menudo con hierbas ricas en mucílago, como el gordolobo y el helenio, para conseguir el doble efecto de limpiar los pulmones y la garganta y recubrir sus paredes con una mucosa fresca.

No debes tomar trébol rojo si ya estás tomando medicamentos anticoagulantes porque puede aumentar su eficacia.

Debido a los fitoestrógenos del trébol rojo, puede reducir la eficacia de los anticonceptivos hormonales y también debe evitarse en caso de embarazo o lactancia.

RECETAS Y RELAJACIÓN

Supermiel

La miel tiene sus propias propiedades antibacterianas maravillosas para promover la curación y calmar la inflama-ción, y cuando se combina con este cóctel de hierbas, se obtiene una poderosa medicina para detener cualquier virus del resfriado o la gripe. Puedes servirte una cucharadita del producto final cada vez que sientas un cosquilleo en la garganta, o mezclarlo con una tisana para disfrutar de una delicia caliente, dulce y antimicrobiana. Necesitarás una olla de cocción lenta y algunos tarros de cristal para esta receta, pero se conservará en el armario durante mucho tiempo, así que vale la pena preparar un lote grande.

Necesitarás:

- 1 taza de romero fresco
- 1 taza de raíz de jengibre fresca
- 1 taza de salvia fresca
- ½ taza de tomillo fresco
- 3 tazas de miel, orgánica si es posible

Empieza machacando las hierbas para liberar sus aceites esenciales. Puedes hacerlo con un mortero o con la punta de un palo de amasar y un cuenco, pero no las tritures en una batidora. Llena un par de tarros con las hierbas, distribuyéndolas lo más uniformemente posible. Vierte la miel hasta que las hierbas queden totalmente cubiertas. No dudes en remover y rellenar si es necesario.

Mete los tarros abiertos en la olla de cocción lenta y añade agua aproximadamente entre ½ y ⅔ de la altura de los tarros. No pongas la tapa. Pon la olla a fuego lento y deja los tarros al vapor toda la noche. La miel debe derretirse pero no hervir ni empezar a burbujear. Por la mañana, cuela la miel con cuidado (porque aún estará caliente) a través de una malla fina, retira las hierbas y vuelve a ponerla en el tarro. Guárdala en un recipiente hermético en el fondo del armario de la cocina para tenerla siempre a mano cuando la necesites.

Licor Casero de Flor de Saúco

Este delicioso y refrescante licor debería convertirse en una bebida básica del verano porque su ligero sabor combina bien con todo. Puedes mezclarlo con agua del grifo, agua con gas, limonada o incluso añadirlo a tu gin-tonic. Este lote se conservará durante dos semanas en el refrigerador, siempre y cuando lo guardes en botellas esterilizadas y herméticas.

Necesitarás:

- 25 cabezas de flor de saúco, recién recolectadas
- 1,5 kg de azúcar blanco
- 1,5 l de agua
- 3 limones cortados en rodajas

Lleva el agua a ebullición e incorpora el azúcar hasta que se haya disuelto por completo. Añádelo cucharada a cucharada y detente cuando el líquido parezca saturado, aunque aún no lo hayas utilizado todo. Pon las cabezas de flor de saúco y los limones en rodajas en un cuenco aparte y vierte el agua azucarada por encima. Déjalo infusionar durante al menos 24 horas y, a continuación, cuela el líquido para retirar los limones y las flores de saúco. Embotéllalo y disfrútalo como bebida helada larga o como toque de sabor en tu cóctel favorito.

BATIDO ***Contra la Melancolía***

El chakra de la garganta está alineado con el color azul, y los alimentos azules pueden ayudar a recargar y refrescar su energía. Este chakra también se ve favorecido por los vegetales marinos, como la espirulina utilizada en este batido, ya que son ricos en yodo, un mineral que favorece la producción de hormonas en la glándula tiroides.

Necesitarás:

- 2 tazas de leche vegetal
- 2 plátanos congelados
- 1 taza de arándanos, congelados o frescos
- ½ taza de moras, congeladas o frescas
- 1 ½ cucharaditas de espirulina

Llena la batidora con los ingredientes y tritúralos a máxima potencia. ¡Este batido debe quedar bien suave! Siéntete libre de mezclar y combinar las bayas a tu gusto. Otras frutas azules que puedes añadir o sustituir son las uvas, las bayas de saúco y las ciruelas.

MEDITACIÓN DEL CHAKRA DE LA GARGANTA

El chakra de la garganta está influenciado por el sonido, así que vamos a utilizar algunas técnicas de sanación con sonido en nuestra meditación. Si vives en una ciudad o en una zona concurrida donde hay mucho ruido ambiente artificial, puedes hacer esta meditación en el interior con una lista de reproducción de sonidos de la naturaleza. Algunas buenas opciones son la lluvia, las olas, los insectos nocturnos y los sonidos del bosque. Si vives en un lugar más tranquilo o cerca de un espacio natural, puedes ponerte cómodo en el exterior y concentrarte en los sonidos del jardín, el parque, el lago o la playa. También puedes untarte aceites esenciales (diluidos en un aceite portador) en los puntos del pulso. Yo recomiendo la lavanda y el cilantro, que aportan calma.

- Siéntate en el suelo con las piernas cruzadas. Gira lentamente la cabeza en el sentido de las agujas del reloj, haciendo una pequeña pausa en cada uno de los cuatro puntos direccionales. Repítelo cinco veces y luego haz lo mismo en sentido contrario a las agujas del reloj. Mirando hacia delante, inhala y encoge los hombros hasta las orejas, luego exhala con fuerza y vuelve a bajarlos. Repítelo cinco veces y vuelve a colocar los hombros y el cuello en una posición neutra.

- Cierra los ojos y concéntrate en los sonidos que te rodean. No es necesario que escuches nada en particular, pero cuando algo te llame la atención, concéntrate en ello e intenta bloquear el resto de ruidos. Puedes utilizar la respiración ujjayi para concentrar tu energía en la garganta mientras escuchas. ¿Puedes identificar el sonido? ¿De qué dirección procede?

- Deja que se forme en tu mente una imagen relacionada con el sonido: podría ser la imagen de un pájaro, las olas en la orilla o algo más abstracto. Imagina que una luz azul baña tu imagen. Siente cómo la luz azul baña tu mente, inunda tu cabeza y se desliza por tu garganta hasta situarse justo por encima de la clavícula. Libera esta luz al mundo con una exhalación profunda, cantando la sílaba *ham*. Repítelo cinco veces y, poco a poco, vuelve a concentrarte en el resto del mundo. Deja que los demás sonidos que te rodean se manifiesten y, cuando estés preparado, abre los ojos.

SAHUMERIO

El sahumerio es una forma eficaz de utilizar hierbas para limpiar tu espacio de meditación de energía negativa. Necesitarás un manojo de salvia seca atado con un cordel natural y un pequeño cuenco con arena.

Abre una ventana para que la energía negativa pueda salir. Enciende la salvia y camina en el sentido de las agujas del reloj alrededor de la habitación, manteniendo la mente centrada en intenciones positivas. Haz que el humo penetre en todos los rincones de la habitación, para que ahuyente la energía negativa. Cuando hayas terminado, apaga el manojo apagándolo en la arena. Haz un sahumerio todas las semanas como parte de tus rituales herbales para mantener tu hogar lleno de energía sanadora positiva.

✤ 6 ✤

EL CHAKRA DEL TERCER OJO

E l sexto y penúltimo chakra es el del tercer ojo. Situado en el punto central entre las cejas, este chakra también se conoce como Ajna, que se traduce como "mandato" o "percepción". Tu tercer ojo es la sede de la intuición de tu cerebro, que te ayuda a ver el futuro pero también a ver la verdad sobre las personas y las situaciones. Los dos ojos ven el mundo físico, pero el tercer ojo mira el mundo espiritual. Mientras este chakra permanezca desbloqueado, no te verás afectado por distracciones ni engaños, y será una guía importante en tu camino por la vida.

El chakra del tercer ojo suele representarse con los colores índigo o morado. Ambos representan la sabiduría y la espiritualidad, destacando la influencia de este chakra sobre los planos elevados y las formas de conciencia.

ASOCIACIONES CON EL CHAKRA DEL TERCER OJO

El chakra del tercer ojo está asociado con el cerebro; no sólo con el bienestar del propio órgano, sino también con todos los pensamientos y sueños, así como con el intelecto. Habrás notado que, a medida que ascendemos por los chakras, las áreas físicas sobre las que son responsables de influir se hacen cada vez más pequeñas, pero aumenta su responsabilidad sobre las energías emocionales y espirituales. Junto con el cerebro, el chakra del tercer ojo también ejerce su influencia sobre la base del cráneo, las orejas, la nariz y los ojos.

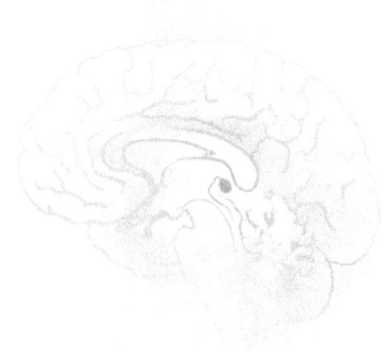

(*La Glándula Pineal*)

Hay dos glándulas situadas en el cerebro que merece la pena destacar por su asociación con el chakra del tercer ojo: la glándula pineal y la glándula pituitaria. A menudo se hace referencia a la glándula pituitaria como la glándula maestra porque segrega hormonas que dan instrucciones a muchos de los sistemas y funciones del cuerpo. La hipófisis influye en el crecimiento, el sistema reproductor -también es responsable del inicio de la pubertad en la adolescencia- y regula el metabolismo y la función digestiva. La glándula pineal regula el ritmo circadiano: libera melatonina por la noche para conciliar el sueño y serotonina durante el día para mantener estable el humor.

En el plano espiritual, el chakra del tercer ojo alberga la capacidad de sabiduría del cerebro. Aunque el chakra de la garganta te permite decir tu verdad, es el chakra del tercer ojo el que la descifra en primer lugar. Es la fuente de tus sueños y la capacidad de interpretar su significado, permitiéndote aceptar la guía del universo. Cuando tu chakra está equilibrado, ves las cosas con claridad, tanto para reconocer el camino que debes seguir como para comprender las lecciones del pasado.

Tu chakra del tercer ojo también mira hacia dentro, ayudándote a ver quién eres realmente y a comprender cómo y por qué esto puede ser diferente de lo que ve el mundo. Cuando nos enfrentamos a malentendidos, puede ser señal de que este chakra no funciona correctamente.

¿QUÉ INFLUYE EN EL CHAKRA DEL TERCER OJO?

Al igual que ocurre con el chakra de la garganta, el elemento que influye en el chakra del tercer ojo no es uno de los cuatro elementos físicos tradicionales; sin embargo, es uno absolutamente vital para nuestro bienestar: el elemento de la luz. La luz es la fuente de toda vida en la Tierra. Nutre las plantas, sin las cuales no habría oxígeno, ni alimento para los animales, ni medicinas vegetales, ni nada que ancle el suelo a la Tierra. La luz también simboliza la iluminación espiritual; sacar algo a la luz significa revelar la verdad, una de las tareas fundamentales de tu chakra del tercer ojo.

(*Saturno*)

Otras fuentes influyentes de energía para el chakra del tercer ojo son los planetas Saturno y Júpiter. Júpiter rige nuestra capacidad para la sabiduría superior: saber dónde encontrarla, reconocerla y ser capaces de aplicarla. Es un planeta muy energético, que vigoriza a los que están bajo su dominio y nos anima a mirar hacia un futuro brillante. Por el contrario, Saturno se centra en el pasado. También representa la sabiduría, pero es una sabiduría aprendida de nuestro pasado y de nuestra historia. La confluencia de ambos planetas potencia la capacidad del tercer ojo para ver hacia delante y hacia atrás en el tiempo.

(Júpiter)

Además de estar influenciados por los planetas, los chakras también reciben su energía de las fases de la luna, y algunos chakras son más fuertes que otros durante diferentes partes del ciclo. En el caso del chakra del tercer ojo, se trata de la luna nueva. La luna nueva es la parte más tranquila del ciclo lunar y un momento de pausa y reflexión interior. Aprovecha este momento para concentrarte en limpiar el chakra del tercer ojo y fortalecer tu conexión con la intuición y la percepción.

El chakra del tercer ojo también está estrechamente relacionado con un trío de deidades hindúes: Krishna, Shiva y Rama. Hay muchas historias sobre Shiva -también conocido como el Destructor y parte de la santísima trinidad hindú-, incluida la leyenda de que su tercer ojo es tan poderoso que puede utilizarlo para omitir un poderoso rayo de luz mortal. Parte del propósito de Shiva es revelar la verdad sobre las personas destruyendo sus engaños e ilusiones. Esto lo alinea más fuertemente con las acciones del chakra del tercer ojo.

CÓMO SABER SI TU CHAKRA DEL TERCER OJO NECESITA AYUDA

Al igual que los demás chakras, un desequilibrio en el chakra del tercer ojo puede afectar tanto a tu comportamiento como a tus sentimientos. Cuando tu chakra está bien equilibrado y energizado, tendrás una mente abierta, capaz de ver las cosas desde múltiples ángulos y de aceptar y comprender los puntos de vista de los demás. También serás consciente de tu interior y podrás reflexionar sobre tus propios pensamientos, sentimientos y acciones. Un chakra del tercer ojo equilibrado proporciona buenos sueños y cierta intuición psíquica, ya que es capaz de ver y oír mensajes en el reino espiritual.

Sin embargo, si tu chakra del tercer ojo está bloqueado o sobreestimulado, podrías experimentar algunos de los siguientes signos:

- Obsesionarte con algo, o encontrar que tu enfoque se vuelve extremadamente estrecho, son signos de un chakra del tercer ojo poco saludable. Una cosa es tener aficiones e intereses, pero si empiezan a consumir toda tu energía y te ocupan tanto tiempo que el resto de tu vida empieza a resentirse, es probable que tu tercer ojo necesite un reequilibrio. Este enfoque estrecho también puede volverse hacia el interior, llevándote a ser egoísta y arrogante.

- Tener pesadillas, lo que puede indicar que la comunicación entre el chakra del tercer ojo y el mundo espiritual no funciona correctamente. Tu chakra malinterpreta los mensajes, dejándote imágenes aterradoras y oscuros presagios. Los delirios y las alucinaciones al despertar también pueden indicar problemas en el chakra del tercer ojo.

- Incapacidad para ponerte en el lugar de otra persona y ver otras interpretaciones. En las conversaciones, te aferrarás firmemente a tu opinión: esto indica una mente cerrada que se niega a reconocer posibilidades más amplias.

- Repetir los mismos errores una y otra vez. Tener un chakra del tercer ojo deficiente dificulta la conexión de las acciones con sus resultados, lo que a su vez imposibilita aprender del pasado. Si repasas tu vida y detectas un patrón -quizá salir con las mismas personas tóxicas o tropezar con el mismo obstáculo en el trabajo-, es probable que tu chakra del tercer ojo necesite una puesta a punto.

- Cuando el chakra del tercer ojo no funciona correctamente, interrumpe el flujo de energía vital alrededor de tu cuerpo energético. Esto puede causar síntomas físicos, así como cambios de comportamiento. Los signos de que tu chakra del tercer ojo está bloqueado incluyen:

- Dolores de cabeza y migrañas recurrentes. Estos dolores de cabeza indican una acumulación de energía negativa y estancada alrededor de tu chakra del tercer ojo. Imagínatelo como un atasco de pensamientos y mensajes sin ningún sitio a donde ir, no es de extrañar que duela.

- Problemas oculares, desde problemas a largo plazo como la miopía hasta hinchazones e irritaciones recurrentes. No prometo que un chakra equilibrado evite que necesites llevar anteojos, pero mantendrá tu salud ocular y evitará que los problemas existentes progresen.

- Trastornos del sueño como insomnio, narcolepsia, dificultad para conciliar el sueño y dar vueltas en la cama. Esto se debe a una alteración de la glándula pineal y de su función como reguladora del sueño.

LA GLÁNDULA PINEAL: EL DESPERTADOR DE LA NATURALEZA

El cuerpo tiene varias glándulas, y cada una de ellas es responsable de liberar una hormona diferente. La glándula pineal no es muy conocida, pero es una de las más importantes. Situada en el cerebro, es sensible a la luz y segrega hormonas diferentes según la hora del día: melatonina por la noche, que ayuda al cuerpo a conciliar el sueño, y serotonina durante el día, que regula el estado de ánimo, las emociones y los procesos corporales.

La melatonina es importante porque es el factor que más contribuye a nuestros ciclos de sueño. Se produce en respuesta a la oscuridad, por lo que los niveles de melatonina en el organismo son más altos por la noche. Los niveles altos de melatonina dan sueño y preparan el cuerpo para una noche de descanso. A lo largo de la noche, los niveles descienden y, cuando te despiertas, apenas queda melatonina. Si por las mañanas te sientes perezoso y tardas en sentirte con energía, significa que todavía hay demasiada melatonina en tu torrente sanguíneo. Si duermes mal, te despiertas con frecuencia o te cuesta conciliar el sueño, es probable que no hayas recibido suficiente melatonina por la noche. La producción de melatonina puede verse afectada por la luz artificial porque tu glándula pineal no reconoce que es de noche.

Tu glándula pineal puede sufrir calcificación, que es una acumulación de cristales de fosfato cálcico. Esta calcificación puede inhibir sus funciones y provocar problemas de sueño. También es un síntoma de un chakra del tercer ojo bloqueado, y puedes descalcificarla estimulando y restableciendo el equilibrio del chakra:Take gotu kola supplement. This herb repairs damaged nerves, increases oxygen supply to the brain, and fortifies the pineal gland.

- Toma un suplemento de gotu kola. Esta hierba repara los nervios dañados, aumenta el suministro de oxígeno al cerebro y fortalece la glándula pineal.

- Sigue una dieta orgánica basada en plantas. Los alimentos procesados y con muchos aditivos adicionales pueden aumentar la calcificación, así que consume la mayor cantidad posible de alimentos frescos y sin productos químicos.
- Recuéstate en la oscuridad y coloca un cristal en el centro del tercer ojo. Elige uno que sea índigo o púrpura para estimular adecuadamente tu chakra. Algunos buenos cristales para este propósito son la amatista, el lapislázuli, la sodalita y la piedra lunar. Déjalo ahí hasta 30 minutos mientras escuchas una meditación relajante.
- Utiliza aceites esenciales que tengan afinidad con el chakra del tercer ojo. Por ejemplo, sándalo, pino, salvia y mirra.

SANACIÓN DEL TERCER OJO CON LA NATURALEZA

Estas hierbas han existido durante miles de años, y apenas podemos siquiera empezar a comprender cuánta sabiduría y energía han absorbido del universo durante ese tiempo. Las plantas pueden ofrecernos mucho más que alimento físico, y las que están en sintonía con el chakra del tercer ojo son especialmente nutritivas para la mente y el espíritu. Siempre que tengas problemas de pesadillas, problemas de sueño o con tu conexión con el universo, estarás en buenas manos si recurres a una de estas hierbas en busca de ayuda.

Algunas se pueden encontrar en la farmacia, mientras que otras hay que encargarlas en sitios especializados por Internet. Incluso puedes probar cultivarlas tú mismo: no sólo te beneficiarás de los poderes medicinales de la hierba cosechada, sino que también podrás crear un vínculo más fuerte con ella sentándote y hablando con ella mientras crece. Esto potenciará aún más los poderes curativos de tus hierbas.

Artemisa (Artemisia Vulgaris)

La artemisa es originaria de Europa y Asia, donde se utiliza desde hace miles de años en la herboristería tradicional. Cuando los colonos emigraron a Norteamérica, se llevaron consigo las plantas de artemisa, que ahora también se encuentra como en casa en estas costas. Por desgracia, la artemisa se ha hecho un nombre como mala hierba prolífica, lo que significa que rara vez es bienvenida en los jardines y se trata activamente con herbicidas cuando se detecta. Si decides cultivar artemisa en casa, lo mejor es tenerla en una maceta, donde sus raíces no puedan invadir y dañar las plantas cercanas. Crece felizmente en cualquier lugar y bajo cualquier condición.

Aunque florece a partir de mediados del verano y hasta el otoño, las flores de la artemisa son una rareza porque carecen de pétalos, presentándose en su lugar como simples capullos de color verde amarillento. Las largas y delgadas hojas de esta planta llaman la atención por su aspecto plateado en el envés, ya que están cubiertas de pelos. Estas hojas se elevan por los altos tallos de la artemisa, alternando los lados a medida que ascienden. Toda la hierba se utiliza en herboristería: las raíces, los tallos, las hojas y las flores se secan o pulverizan, y de las hojas se extraen aceites esenciales.

La artemisa está regida por la luna, el cuerpo celeste que también reina sobre la glándula pineal. Esto acentúa el fuerte vínculo entre la artemisa y el chakra del tercer ojo. La artemisa tiene varias afinidades, como el hígado, el aparato digestivo y el sistema reproductor femenino, pero también es una ayuda enormemente beneficiosa para conciliar el sueño. A menudo llamada la "hierba de los sueños", la artemisa no sólo ayuda a conciliar el sueño más fácilmente, sino que también estimula y da energía a la mente subconsciente, provocando una oleada tras otra de sueños increíblemente vívidos. Algunas personas incluso descubren que la artemisa favorece los sueños lúcidos. Sin embargo, todo este entretenimiento nocturno puede tener su lado negativo, ya que podrías despertarte mentalmente agotado.

Los sueños son importantes porque nos permiten

conectar con el reino espiritual y explorarlo. Así es como el universo nos envía mensajes y donde el cerebro procesa y aprende de los acontecimientos del día. La artemisa es especialmente eficaz para las personas que se encuentran vagando por la vida en un estado onírico, ya que puede conectarlas con la realidad. También funciona bien para calmar la ansiedad de las personas que tienen problemas de procesamiento sensorial y consideran que el mundo puede ser demasiado ruidoso y enérgico.

Como la artemisa es una hierba silvestre, es fácil encontrarla y cultivarla. Busca espacios verdes silvestres y descuidados en tu entorno, aunque sólo sean márgenes de hierba, y puede que tengas suerte. Recuerda que no debes llevártelo todo, sino dejar algo para otros artesanos silvestres. Puedes colgar los tallos para que se sequen o utilizar las hojas frescas en tinturas. Muchas recetas de la medicina tradicional china consisten en quemar las hojas secas y utilizarlas para devolver el calor a las articulaciones agarrotadas.

La artemisa suele ser segura para la mayoría de la gente, aunque si sabes que eres alérgico a la ambrosía, también te provocará una reacción. Dado que esta hierba puede afectar al útero, no debe tomarse durante el embarazo, y probablemente sea mejor evitarla también durante la lactancia.

SHANKHPUSHPI (CONVOLVULUS PLURICAULIS)

Esta hierba tiene muchos nombres, como shankhahuli, sankali y speedwheel inglés. Todos ellos describen el aspecto único de sus flores, similares a las de un iris, pero más redondeadas. Un gran pétalo exterior ovoide rodea un par de pétalos interiores más pequeños, dispuestos asimétricamente como una larga capa. Estos pétalos pueden ser blancos o azul índigo, con una veta interior amarilla. La Shankhpushpi es una planta baja, que se extiende por el suelo en lugar de elevarse, con pequeñas hojas verdes que a menudo miden menos de un centímetro. Es originaria de la India, pero existen otras variedades de convolvulus en todo el mundo.

Las plantas de Shankhpushpi crecen bien en macetas y pueden ser un complemento colorido y alegre para cualquier jardín, patio o balcón urbano. Sin embargo, deben mantenerse a una temperatura cálida, entre 20 y 30 °C, y la tierra no debe secarse. Siembra las semillas en el interior, en bandejas de propagación, para asegurar el crecimiento de plántulas sanas, y luego plántalas en el exterior cuando hayan alcanzado unos centímetros de altura. Cosecha las flores, las hojas, los tallos y las raíces de enero a mayo.

Esta hierba se ha utilizado en las prácticas ayurvédicas durante miles de años. Funcionará como un tónico de mantenimiento de la conciencia y mantendrá tu mente en perfecto estado. También es conocida por su capacidad para mejorar la memoria y favorecer el desarrollo de la inteligencia. Shankhpushpi puede ayudarte a concentrarte mejor y a devolver la energía a un cerebro que se siente fatigado. También ayuda a evitar la depresión, la ansiedad, el insomnio y otras formas de estrés.

El Shankhpushpi se recomienda cuando se trabaja con el chakra del tercer ojo porque sus propiedades reconstituyentes mejoran varias funciones cerebrales importantes. Esto ayuda a despejar cualquier bloqueo de energía que pueda acumularse debido a vías neuronales defectuosas. Cuando el campo energético espiritual está completamente limpio, uno se abre a recibir mensajes más claros del universo y se encuentra más inspirado creativa y espiritualmente.

Algunas de las principales sustancias químicas que se extraen de la shankhpushpi son los alcaloides convolvulina y shankhapushpina. Esta hierba también contiene aceites volátiles, flavonoides, sacarosa, almidón y proteínas. En términos ayurvédicos, es una hierba refrescante y dulce que pone de manifiesto su capacidad calmante. Shankhpushpi no sólo calma el sistema nervioso, reduciendo el estrés, la ansiedad y la inquietud, sino que también promueve el sueño natural, por lo que es un tratamiento eficaz a base de hierbas para el insomnio.

Se considera seguro tomar Shankhpushpi durante el embarazo; de hecho, puede tener un efecto fortalecedor de los músculos uterinos. Pero como siempre, debes consultar a tu médico antes de tomar suplementos. El shankhpushpi puede causar hipotensión en personas con tensión arterial baja, por lo que no se recomienda a personas con esta afección, aunque estén tomando medicación para tratarla.

LAVANDA (LAVANDULA ANGUSTIFOLIA)

La lavanda es la segunda hierba de nuestra lista que comparte su color con el chakra del tercer ojo. Este arbusto de maravillosa fragancia crece de forma silvestre en las regiones montañosas mediterráneas de Europa, pero también se cultiva en el resto de Europa y en lugares tan lejanos como Australia. Existen otras variantes originarias del norte de África y Asia occidental, pero ésta es la más comúnmente reconocida de todas las lavandas.

La lavanda es un arbusto perenne que florece durante los meses de verano. Es enormemente atractiva para las abejas y otros polinizadores, crece rápida y fácilmente en suelos bien drenados y produce las flores más hermosas en lo alto de sus largos y delgados tallos. Las hojas de la lavanda son cortas y finas, como finas agujas, y su color es verde plateado oscuro.

El uso más común de la lavanda es por su aroma, como aceite esencial o con flores secas. La lavanda suele añadirse a productos comerciales como almohadillas de trigo, aceites de baño y talco para bebés. Tiene un aroma limpiador que transmite sus propiedades antisépticas y antibacterianas. También es muy relajante y calmante gracias a sus propiedades sedantes, tan potentes que ni siquiera es necesario tomar la hierba; sólo su aroma tejerá un hechizo mágico y tranquilizador.

Las flores y los tallos secos producen la mayor cantidad de aceite esencial -alrededor del 3%-, pero también contienen otras sustancias químicas, como acetato de linalilo, que da a las flores su olor característico; cineol, que contribuye a las propiedades antimicrobianas de la lavanda; y taninos, que son antibacterianos. Aunque todas estas sustancias químicas ayudan a la lavanda a limpiar y eliminar los gérmenes y microbios del cuerpo, la lavanda también es buena para despejar la mente y eliminar el estrés, la ansiedad y los sentimientos de depresión. La lavanda también sirve para eliminar los bloqueos mentales que provocan dolores de cabeza.

Como hierba refrescante y secante, la lavanda es también un excelente tónico para el sueño. Al actuar eliminando los factores estresantes del día, prepara el cuerpo y el cerebro para entrar en el estado de sueño de forma que sean receptivos a los sueños y mensajes dirigidos a tu subconsciente. La lavanda ha sido utilizada durante muchos años como hierba portal, aportando una mayor comprensión espiritual y dejando el camino libre para que las visiones intuitivas se den a conocer. Es una hierba regida por Mercurio, el planeta de la mente y la comunicación, y en ninguna parte es esto más obvio que cuando se considera la capacidad de la lavanda para aportar claridad mental y conciencia espiritual.

La lavanda es una hierba tan suave que no tiene contraindicaciones, lo que significa que pueden usarla los niños, durante el embarazo y las personas que sufren otros problemas médicos. Las personas de constitución seca pueden combinar la lavanda con hierbas húmedas para equilibrar su efecto desecante o tomarla en infusión para hidratar el cuerpo al mismo tiempo.

Eufrasia (Euphrasia Officinalis)

Esta pequeña y delicada hierba con flores procede de Europa, donde crece en lugares insospechados: prados descuidados con suelo de mala calidad, afloramientos arenosos y rocosos, y cualquier otro lugar donde el suelo esté bien drenado. La eufrasia no necesita un suelo rico en nutrientes porque es parásita y se alimenta de las plantas y la hierba vecinas. Por esta importante razón, es mejor evitar cultivar la eufrasia sola en una maceta, pero prosperará en un lindero herbáceo mixto.

La eufrasia puede alcanzar los 30 cm de altura y florece de julio a septiembre. Sus flores son el origen del apodo descriptivo de esta planta porque se supone que se parecen a un ojo humano. Las flores tienen dos pétalos blancos, uno más grande que el otro, formando una campana asimétrica. El interior de las flores tiene venas de color púrpura vibrante y una mancha central amarilla. Las hojas, los brotes, las flores y los tallos se recolectan con fines medicinales. Contienen taninos, flavonoides, saponinas, aceites esenciales, minerales importantes como el hierro y el zinc, y vitaminas A, C, D y E.

En el siglo XVI, la eufrasia fue declarada hierba de los ojos por sus flores: Parece una conexión débil, pero los herbolarios de la época acertaron de pleno. Tiene propiedades antiinflamatorias, astringentes y antisépticas, que la convierten en la hierba de referencia para tratar las afecciones oculares. La eufrasia puede curar los orzuelos, revitalizar los ojos cansados y doloridos, y ha demostrado su eficacia en el tratamiento de la conjuntivitis y la blefaritis.

La relación de la eufrasia con el tercer chakra se remonta al folclore antiguo, cuando se creía que llevar bolsitas de eufrasia otorgaba el don de la clarividencia. Estas flores podían limpiar el chakra del tercer ojo de cualquier bloqueo o turbidez y permitirte ver a través de las mentiras de la gente que te rodeaba. Si querías saber qué vecino te había robado la gallina, esto era lo que te recomendaban los herbolarios del pueblo.

La eufrasia es un poco contradictoria, ya que tiene energías refrescantes, pero también está regida por el sol, que tradicionalmente se alinea con las hierbas cálidas y secas. Las propiedades astringentes y refrescantes de la eufrasia la ayudan a reducir la inflamación y a cerrar las células de la piel para protegerla de problemas posteriores. El sol influye en el trabajo de la eufrasia en el ámbito espiritual porque te inspira a encontrar tu verdadero yo y te da el valor para revelarlo al mundo.

Como ocurre con la mayoría de las hierbas, debes consultar a tu médico antes de tomar eufrasia si estás embarazada o en periodo de lactancia. Esto se debe a la falta de investigaciones y estudios médicos sobre sus posibles efectos. Si utilizas la eufrasia como baño ocular o en compresas, recuerda utilizar una solución nueva cada vez para evitar la contaminación.

RECETAS Y RELAJACIÓN

Batido Matutino para Abrir el (Tercer) Ojo

Aunque muchas hierbas para el chakra del tercer ojo se centran en ayudarte a dormir, eso es sólo la mitad del ciclo. Una mejor regulación de la melatonina te ayudará a despertarte sintiéndote revitalizado, pero una buena dosis de alimentos de color púrpura para el desayuno se asegurará de que tu chakra está bien despierto también. Puedes jugar con los ingredientes de este batido según te convenga. Algunas frutas alternativas que puedes utilizar son ciruelas, ciruelas damascenas, moras, uvas negras y bayas de saúco.

Necesitarás:

- 1 taza de higos, mejor frescos
- 1 taza de rodajas de plátano congeladas
- ½ taza de arándanos congelados
- 1 taza de yogur natural, sabor vainilla
- 1 cucharada de miel

Retira los tallos y las semillas de las frutas e introdúcelas en la batidora, seguidas del yogur y la miel. Tritura hasta obtener una mezcla homogénea, probablemente durante 2-3 minutos. Si prefieres un batido más o menos espeso, ajusta la cantidad de yogur.

*Infusión de Lavanda y **Manzanilla para la Hora de Dormir***

Esta combinación imbatible de hierbas calmantes y relajantes hará que hasta el insomne más estresado duerma como un bebé en un santiamén. Prepárate una taza al final de un día especialmente estresante para sumergirte en un mundo de sueños agradables y vívidos, y deja que tu subconsciente procese sus pensamientos en paz.

Necesitarás:

- 1 cucharadita de flores secas de lavanda
- 1 cucharadita de flores secas de manzanilla.
- 8 onzas de agua

Coloca las flores secas en un colador o en una bolsita de té vacía y ponlas en tu taza favorita. También puedes hacer un ramillete atándolas en un trozo de tela. Calienta el agua en el fuego hasta que hierva y viértela en la taza. Echa las hierbas y déjalas reposar durante 10 minutos. Retira el colador, la bolsa o el manojo y tíralo. Acomódate en tu sillón favorito, cierra los ojos y bebe lentamente.

Bolsita para Almohada para Tener Dulces Sueños

Algunas hierbas son tan poderosas que actúan simplemente estando dentro de nuestro campo energético o inhalando su aroma. Si quieres asegurarte un sueño reparador lleno de sueños vívidos, prueba elaborando esta bolsita de hierbas. También puedes colgar la artemisa sobre la cama, pero la adición de las otras hierbas te ayudará a relajarte y a conciliar el sueño.

Necesitarás:

- Unas ramitas de artemisa seca
- Una taza de flores secas de lavanda
- Una taza de flores secas de manzanilla

Parte la artemisa en trozos pequeños y mézclala con las demás hierbas. Viértela en una bolsa de material transpirable, como algodón 100%, lino o estopilla, y átala. Puedes añadir una gota de aceite esencial de lavanda para acentuar el aroma natural de las hierbas secas, pero no es necesario, ya que se perfumarán por sí solas. Coloca la bolsita en tu mesita de noche, cuélgala encima de la cama o incluso métela dentro de la funda de la almohada. Agítala de vez en cuando para despertar las hierbas y evitar que sus energías se estanquen.

MEDITACIÓN DEL CHAKRA DEL TERCER OJO

Para esta meditación, vamos a practicar una técnica llamada Respiración con las fosas nasales alternas o *Nadi Shodhana*. Es una forma maravillosa de calmar una mente hiperactiva restaurando el equilibrio de tus pensamientos. La nariz está conectada al chakra del tercer ojo, así que sabes que los efectos irán directamente a la fuente.

Cómo realizar *Nadi Shodhana*:

1. Cierra ambas fosas nasales con los dedos índice y pulgar.
2. Abre la fosa nasal izquierda e inspira.
3. Cierra la fosa nasal izquierda con el dedo índice (o el pulgar, según la mano que utilices), abre la fosa nasal derecha y exhala.
4. Haz una pausa de un segundo

5. Inhala por la fosa nasal derecha
6. Cierra la fosa nasal derecha, abre la izquierda y exhala.

Esto cuenta como un ciclo de Nadi Shodhana (respiración por fosas nasales alternas).

PARA AUMENTAR la eficacia de esta meditación en el chakra del tercer ojo y, en concreto, en la glándula pineal, siéntate en una habitación a oscuras. Puedes utilizar un difusor de aceites esenciales -el incienso es bueno, al igual que la lavanda- para relajarte. También puedes preparar un tazón de popurrí con flores moradas, como lavanda, violetas, borraja y pasiflora. Deja el cuenco donde el aroma pueda llenar la habitación.

Siéntate en una posición cómoda y con apoyo. Toma tu mano dominante y coloca el segundo y tercer dedos entre las cejas, donde puedan descansar justo encima del chakra del tercer ojo. También puedes presionar la lengua contra el paladar para conectar con tu chakra desde abajo. Utiliza el pulgar y el cuarto dedo para cerrar alternativamente las fosas nasales mientras respiras en un ciclo.

Empieza respirando profundamente como de costumbre. Realiza una ligera pausa antes de exhalar y, a continuación, utiliza el pulgar o el cuarto dedo -dependerá de la mano que hayas utilizado- para cerrar la fosa nasal derecha. Ahora inhala por la fosa nasal izquierda, haciendo una ligera pausa en la parte más alta de la inhalación. Cambia de dedo y exhala por la fosa nasal derecha. Intenta que la duración y la profundidad de las respiraciones sean lo más uniformes posible. Si te resulta útil, puedes programar sonidos rítmicos de gong para activar las respiraciones.

Repite la operación del otro lado: inspira por la fosa nasal derecha, haz una pausa en la parte más alta de la respiración y exhala por la izquierda. Así se completa un ciclo de respiraciones. Repite la operación hasta completar 10 ciclos. Deberías sentirte relajado y tu mente despejada. Esta es una buena preparación para el sueño y es mejor realizarla como parte de tu ritual nocturno. Realiza unas últimas respiraciones profundas, entonando *om* en cada exhalación.

7

EL CHAKRA CORONA

E l último chakra es el de la corona, también conocido como Sahasrara, y está situado en la parte superior del cráneo. Este chakra representa el conocimiento superior y la iluminación, así como la encarnación de tu identidad espiritual. Físicamente está alineado con el pelo, la piel, las uñas, el sistema nervioso y el cerebro.

El chakra corona y el chakra del tercer ojo son los dos chakras que están más conectados con el plano espiritual. Mientras que el chakra del tercer ojo te permite ver mensajes y señales del universo y de lo divino, el chakra corona te da la sabiduría para comprenderlos y crecer a partir de ellos. Es a través del chakra de la corona como encontrarás tu lugar en el mundo, al comprender que todos somos partes de un rompecabezas cósmico, cada una de las cuales es importante por derecho propio, aunque aún no sepas por la razón.

Diferentes escuelas de pensamiento describen el chakra

de la corona como asociado con el color blanco (si tu chakra del tercer ojo fuera púrpura) o el color violeta (si tu chakra del tercer ojo fuera índigo). El violeta es un color profundamente espiritual con una naturaleza unificadora que reúne elementos de los otros chakras. El blanco simboliza la luz divina y la conexión con un plano superior de existencia. También es la unión de todos los demás colores, pero sigue siendo el símbolo de la pureza.

ASOCIACIONES CON EL CHAKRA CORONA

El chakra del tercer ojo es responsable de la mayoría de los órganos sensoriales (ojos, oídos, lengua y nariz), pero el chakra corona influye en el mayor de todos ellos: la piel. El órgano más grande de tu cuerpo, la piel, está cubierto de receptores táctiles que te recuerdan constantemente que estás aquí e interactúas con el mundo. Imagina lo raro que sería caminar descalzo por el suelo sin sentir la hierba, el calor o incluso la presión contra la planta del pie. La piel es tu primer contacto con la realidad; es tu principal órgano de conexión a tierra.

El sistema nervioso está ligado a la piel. De hecho, tu sistema nervioso está conectado a todo, enviando y recibiendo millones de señales eléctricas instantáneas de tu cerebro cada día. Ya he mencionado cómo la inteligencia del corazón hace que el cerebro envíe señales, pero no es el único órgano que lo hace. El sistema nervioso transmite al cerebro el mensaje de que tienes hambre, dolor o miedo, y también devuelve los mensajes para que tragues la comida, retires el pie del objeto que pisaste o huyas de un tigre.

El cerebro es otro órgano conectado al chakra corona. Ya hemos visto cómo el chakra del tercer ojo influye en los centros de comunicación e interpretación del cerebro, pero tiene muchas más funciones. El chakra de la corona ejerce su poder sobre los centros de memoria del cerebro, así como sobre la concentración, el enfoque y la inteligencia innata.

El chakra de la corona es también la conexión entre tu yo físico, tu cuerpo energético y tu yo espiritual. Es aquí donde todos estos aspectos diferentes se unen para formar el yo completo, y en este punto de convergencia, estás abierto a recibir la energía cósmica del universo. Piensa en tu chakra corona como una puerta para la energía divina, donde toda la sabiduría de los espíritus y del universo puede fluir hacia ti, y tú puedes enviar tu energía hacia el éter.

¿QUÉ INFLUYE EN EL CHAKRA CORONA?

A diferencia de los demás chakras, el chakra corona no tiene ningún elemento influyente. En su lugar, es impulsado y guiado por el espíritu del universo y las energías de quienes te rodean. Un poder enormemente influyente sobre este chakra es el Sol. Como estrella en el centro de nuestro sistema solar, el Sol contiene una cantidad fenomenal de energía que viaja a distancias mayores de las que podemos comprender. El Sol toca todos los aspectos no sólo de nuestro mundo sino de los que nos rodean, al igual que la energía divina y cósmica trae luz a nuestros cuerpos. Simboliza la fuerza vital que impulsa nuestro ser físico y la energía que alimenta nuestro lado espiritual.

La deidad hindú más asociada con el chakra de la corona es Nataraja, conocido como el danzante cósmico o señor de la danza. Nataraja es otra forma de Shiva el Destructor, pero encarna todo lo alegre y bueno de la creación que resurge de las cenizas. A menudo se le representa en diversas posturas danzantes, adornado con elementos del cosmos, como la luna en su corona y el sagrado río Ganges en su cabello. Nataraja reúne las distintas partes de la creación, del mismo modo que el chakra de la corona unifica las partes que te componen.

La Luna Nueva

El chakra corona también está fuertemente alineado con la fase lunar de la luna nueva. Como los cielos están más oscuros en esta época, somos más capaces de ver algunas de las estrellas más débiles que, de otro modo, permanecerían ocultas a nuestra vista. Tu chakra corona te ayuda a ver e interpretar mensajes ocultos, especialmente los que surgen de tiempos oscuros para traernos valiosas lecciones. Es un reconocimiento de que la oscuridad y la muerte son partes inestimables de la luz y el nacimiento, y un momento para hacer una pausa y considerar tu lugar en el gran esquema del cosmos.

CÓMO SABER SI TU CHAKRA CORONA NECESITA AYUDA

Si tu chakra corona está equilibrado, experimentarás una abrumadora sensación de paz y una cercanía con tu lado espiritual. No tendrás ansiedades sobre tu propósito, sino que te sentirás completamente asentado, como una mesa sólida que está enraizada y equilibrada por todos lados y es capaz de soportar el peso de todo lo que tiene que llevar. Y no sólo eso, sino que te sentirás capaz de impartir la sabiduría de tu iluminación a los demás, guiándoles y enseñándoles de un modo diplomático y sabio, en lugar de condescendiente, sermoneador y altivo.

Sin embargo, cuando el chakra corona está desalineado o bloqueado, puede producir una serie de síntomas físicos y de comportamientos indeseables. Un bloqueo aquí puede significar que tu conexión con tu yo espiritual, o con el universo, se ha cortado, y puede hacerte sentir sin ataduras e inestable. Otras cosas a tener en cuenta son las siguientes:

- Un desdén general por las personas espirituales y sus prácticas, o un distanciamiento de las creencias que tenías anteriormente. Esto debería ser una enorme señal de alarma de que tu relación con tu yo espiritual y la energía cósmica del universo se está tambaleando.

- Alternativamente, seguir ciegamente los consejos y enseñanzas de cualquiera que pretenda ser un líder espiritual o una persona sabia. Esto también puede conducir a un comportamiento extremo en un intento de volver a conectar con tu yo espiritual, incluyendo votos de silencio, maratones de meditación y periodos de ayuno poco saludables.

- Intentar reabrir una conexión con las energías espirituales y divinas a través de rituales. Esto puede llevar a una rutina casi obsesivo-compulsiva de yoga, meditación, aceites esenciales, oraciones, hechizos y mantras, que sea tan exhaustiva que interfiera con tu vida.

- Sentirte distante y confuso, como si sintieras que algo falta en tu vida pero no pudieras identificar qué. Es esa sensación cuando entras en una habitación y olvidas por qué; sólo que continúa durante todo el día.

- Es fácil centrarse en cómo el chakra corona da energía a tu yo espiritual y olvidar que también es responsable de guiar algunos sistemas bastante importantes de tu cuerpo. Cuando la energía de estas partes de tu cuerpo está bloqueada, puede manifestarse como problemas mentales y físicos como:

- Agotamiento crónico. Si te sientes cansado todo el tiempo, sin importar cuánto duermas, hagas ejercicio y tomes aire fresco, podría ser un signo de agotamiento espiritual. Prueba utilizar una combinación de hierbas de los chakras del tercer ojo y de la corona para inspirar un sueño más reparador y recargar tu conexión espiritual.

- Las afecciones de la piel como el acné, el eczema y la dermatitis pueden significar un chakra corona bloqueado. Ya he mencionado varias hierbas a lo largo de estos capítulos que pueden tener un efecto refrescante y calmante sobre la piel, como el gordolobo, la menta, la rosa, el hibisco, el trébol rojo y el malvavisco. Se pueden utilizar para calmar cualquier irritación mientras se trabaja en revitalizar el chakra corona y reparar la raíz del problema.

- La pérdida de memoria y otros problemas también pueden revelar un chakra corona balbuceante. Es posible que te encuentres repitiendo lo que dices en una conversación u olvidando lo que querías decir. Perder objetos como las llaves, los anteojos o los zapatos es cada vez más frecuente, y necesitarás anotar las fechas importantes o correrás el riesgo de perderte un cumpleaños o un aniversario.

- Además de sentirte desconectado de tu lado espiritual, puedes experimentar sentimientos de desconexión física. Las personas con el chakra corona bloqueado suelen sentir pinchazos en las extremidades o pérdida de sensibilidad.

CÓMO UTILIZAR LAS HIERBAS PARA DESBLOQUEAR EL CHAKRA CORONA

Dado que el chakra de la corona influye en varios elementos físicos y espirituales de tu ser, es poco probable que encuentres una hierba que funcione como remedio para todos ellos. Aunque muchas hierbas, especialmente los adaptógenos, tienen una serie de efectos en el cuerpo, por lo general tendrán un objetivo principal con el que los herbolarios sienten que trabajan más estrechamente. Para el apoyo general del chakra corona, recuerda comer alimentos que tengan un color púrpura intenso o blanco porque este chakra está asociado con ambos. Cocina con berenjenas, col morada, coliflor o cebollas, y come frutas como moras, uvas moradas y ciruelas. Incluso puedes preparar tu propia miel infusionada con lavanda o violetas; puedes adaptar la receta de Supermiel de las recetas para el chakra de la garganta.

Hierbas para el Sistema Nervioso

El sistema nervioso es la forma en que el cuerpo comunica cómo se siente. Sin los nervios, no sentiríamos placer ni dolor ni disfrutaríamos de las muchas sensaciones físicas que nuestro cerebro procesa a lo largo del día. Utilizamos el sentido del tacto para sentirnos tranquilos y seguros: bajo mantas pesadas, acariciando mascotas o estrechando la mano de un ser querido. Gran parte de nuestra identidad y nuestros sentimientos son abstractos, existen dentro de nuestras cabezas, corazones y chakras, y necesitamos el sentido del tacto para recordar que estamos enraizados en un mundo físico. Cuando esto empieza a fallar, puede provocar sentimientos de disociación.

Las hierbas con cualidades neurológicas ayudan específicamente al sistema nervioso. Algunas lo mantienen en buen estado de salud, mientras que otras relajan y calman los nervios hipersensibles o restablecen el equilibrio del sistema en su conjunto. Para un tónico para el sistema nervioso general, prueba la mimosa (no el cóctel) o la bacopa. Para relajar y restaurar los nervios, prueba la melisa y la amapola de California.

Hierbas para la Piel

Como prolongación del sistema nervioso, mantener la piel en buen estado ayuda a experimentar plenamente el mundo que nos rodea. Pero la piel es también el protector del cuerpo, que mantiene el interior. Cuando la piel se rompe, las bacterias y otros agentes patógenos pueden introducirse en ella, provocando infecciones e irritaciones. Una vez más, estas hierbas se pueden dividir en las que se pueden utilizar todos los días para mantener la salud de la piel y las que se utilizan para tratar casos específicos de irritación o malestar. Incluso puedes encontrar hierbas que favorecen la rápida cicatrización de las heridas, garantizando que tu armadura natural vuelva a estar en las mejores condiciones rápidamente.

Entre las hierbas que constituyen excelentes tónicos para la piel se encuentran la paja de avena y la cola de caballo. Entre las hierbas curativas para tratar afecciones cutáneas están el aloe vera y el diente de león. Si quieres hierbas para tratar heridas y grietas en la piel, recurre a la caléndula y la cúrcuma.

Hierbas para la Claridad Mental

No podríamos hablar del chakra corona sin mencionar el cerebro. Es el procesador central y el responsable de controlar los pensamientos y planificar las acciones. El chakra corona influye en las partes del cerebro que se ocupan de la memoria, la concentración y el intelecto. Se cree que tomar hierbas a diario para mantener estos aspectos puede retrasar los efectos del envejecimiento y hacer que el cerebro funcione mejor durante más tiempo. De hecho, la hierba gotu kola se ha relacionado incluso con una reducción de los síntomas del Alzheimer (Wattanathorn et al., 2008).

Ni que decir tiene que la salud mental es muy importante para nuestro bienestar general, por lo que asegurarnos de que el chakra corona esté completamente abierto es una prioridad absoluta. El romero y el ginseng son excelentes tónicos cerebrales para mantener las funciones y mejorar la concentración. Si necesitas mejorar tu salud mental, la raíz de eleuthero y la bacopa tienen propiedades antidepresivas, eliminan la niebla mental y recargan tus niveles de energía.

CURACIÓN DEL CHAKRA DE LA CORONA CON LA NATURALEZA

La medicina oriental tiene una historia más larga de espiritualismo que la medicina occidental, por lo que las hierbas que apoyan su salud espiritual a menudo tienen sus orígenes en la India, China y otras partes de Asia. La mayoría de estas hierbas proceden de la medicina ayurvédica y de la medicina tradicional china, por lo que son difíciles de cultivar y buscar en la naturaleza en otras partes del mundo. Muchas se pueden cultivar en tu jardín si quieres tener un pequeño suministro cerca, pero la forma más fácil de conseguirlas es, a través de un buen proveedor de internet, de tu botica local o de una farmacia de barrio.

En la introducción mencioné que los herbolarios espirituales suelen animarte a buscar hierbas que tengan afinidad con tu propia ascendencia. Si esto no fuera posible para ti, podrías crear un vínculo más fuerte con tus hierbas cultivándolas tú mismo y dedicando tiempo a estar en comunión con ellas antes de cosecharlas.

· · ·

Gotu Kola (Centella Asiatica)

La centella asiática pertenece a la familia del perejil y es originaria de varios países del hemisferio sur, como la India, China, Australia, Madagascar y Sudáfrica. Es una de las hierbas a las que recurren muchos médicos ayurvédicos cuando necesitan un tónico rejuvenecedor para el cerebro.

Esta pequeña planta tiene unas características hojas verdes con forma de nenúfar redondo. Cada hoja remata un tallo delgado. Estas hojas son las partes de la planta que se utilizan como hierba, y pueden ser beneficiosas, frescas o secas. Cultivar centella asiática en el jardín, ya sea en bancales o en maceta, es muy fácil. Les encanta un clima cálido -o se pueden cultivar en el interior-, pero hay que asegurarse de que la tierra no se seque nunca. Una vez que las plantas están bien establecidas, pueden crecer de forma invasiva, por lo que puede ser beneficioso asegurarse de que estén bien contenidas, o tus vecinos podrían no estar muy contentos.

Los antiguos herbolarios creían que el aspecto o el color

de una hierba indicaban para qué era más adecuada. Decían que la hoja del gotu kola se asemeja al cerebro y sus dos hemisferios, y la utilizaban para restablecer el equilibrio entre ellos. El gotu kola también era utilizado tradicionalmente por monjes y yoguis para ayudarles a concentrarse mejor mientras meditaban, y muchos siguen utilizándolo hoy en día en sus rituales. También se ha utilizado como tónico para el flujo sanguíneo, ya que puede fortalecer las paredes de las venas.

Los componentes activos del gotu kola son flavonoles, aminoácidos, esteroles y varias saponinas, como el asiaticósido, el madecassósido y el ácido madasiático. Por todo ello, el Gotu kola es un asombroso antioxidante y desintoxicante que tiene muchos beneficios para el cerebro: reduce la niebla cerebral, aumenta la capacidad de concentración, mejora la memoria e incluso evita que las células cerebrales sean atacadas por los radicales libres.

El gotu kola también se utiliza eficazmente como antidepresivo y ansiolítico. Produce un sedante suave, que calma y tranquiliza los nervios: esto reduce los sentimientos de ansiedad y la hiperconciencia que estas emociones pueden provocar. El gotu kola también calma y agudiza la mente al favorecer el crecimiento y la expansión de los nervios neuronales.

Según el Ayurveda, el gotu kola tiene una energía refrescante, que apoya su labor como antioxidante. También corresponde al planeta Mercurio, regente de la mente y el sistema nervioso. Las hierbas de Mercurio aportan claridad a quien las utiliza, ya que abren el cerebro a los sentidos y lo hacen más consciente del mundo que nos rodea a través de las sensaciones que procesan.

Dado que el gotu kola actúa como sedante, no debe tomarse junto con otros tranquilizantes o sedantes. También debe evitarse durante el embarazo o la lactancia, ya que no se han realizado suficientes investigaciones sobre los efectos que puede tener durante estos periodos. Tampoco debes tomar gotu kola si estás tomando medicación para la diabetes, el colesterol alto o problemas hepáticos; habla con tu médico sobre las interacciones y tal vez pueda ajustar tus dosis en consecuencia.

BACOPA (BACOPA MONNIERI)

La bacopa y el gotu kola se utilizan indistintamente en los antiguos textos ayurvédicos porque sus interacciones con el organismo son muy similares. De hecho, a ambas se les dio el nombre de Brahmi, que hace referencia a su alineación con la deidad hindú Brahma, que, en forma de Brahman, a menudo recibe el nombre de "conciencia cósmica". No es de extrañar, por lo tanto, que estas hierbas estén relacionadas con el conocimiento y la inteligencia espiritual, ya que ambas promuevan un estado de conciencia superior y una relación más profunda con el universo.

Esta hierba procede de Sri Lanka y la India, pero actualmente también crece en Australia y las regiones costeras del sur de los Estados Unidos. A la bacopa le encantan los humedales y crece en estanques y pantanos. Tiene hojas pequeñas de color verde claro y delicadas flores blancas de cinco pétalos. La planta entera puede secarse y utilizarse con fines medicinales, o las partes aéreas -las que crecen por encima del suelo- pueden tomarse frescas.

La bacopa es otro elemento básico de la medicina ayurvédica, donde se ha utilizado durante miles de años como rasayana, que significa tónico rejuvenecedor. La gente utilizaba esta hierba para tener una vida larga y un intelecto brillante, pero también para mejorar la memoria y la capacidad de concentración. También es otra hierba, como el gotu kola, que se puede utilizar para proteger el cerebro contra los efectos del envejecimiento y ciertos trastornos neurológicos. La bacopa también actúa en el chakra corona calmando los pensamientos si se vuelven intrusivos, dañinos o dominantes. Al liberar estas emociones reprimidas en el cerebro, aporta claridad y permite restablecer la conexión con el plano espiritual.

Otra hierba refrescante, la bacopa, también tiene propiedades antioxidantes, pero es más conocida como nervina y adaptógena. Ser un adaptógeno significa que puede alterar la forma en que ayuda a tu cuerpo a adaptarse a lo que se necesita. Por eso se la considera una super hierba que puede actuar en múltiples partes del cuerpo, como el sistema gastrointestinal, el cerebro, el sistema nervioso y el hígado. Esta hierba está llena de diferentes saponinas que trabajan para aumentar la actividad en las áreas de memoria del cerebro, así como hacer que los nervios sean más eficaces en el envío de sus señales. Una saponina llamada bacosina actúa incluso como analgésico, lo que ayuda al sistema nervioso calmando los receptores del dolor.

En general, la bacopa se considera segura para todo el mundo, incluso para los niños. De hecho, los herbolarios la utilizan a menudo para ayudar a los niños con TDAH a encontrar la calma. No se sabe mucho sobre los efectos de la bacopa durante el embarazo o la lactancia, por lo que es mejor evitarla hasta que se realicen más investigaciones.

Tulsi (Ocimum Tenuiflorum)

Otra hierba originaria de la India, el tulsi, recibe a veces el nombre de albahaca santa o sagrada, y hay una buena razón para ello. En las creencias hindúes tradicionales, la planta de tulsi representa a la diosa Tulsi y está impregnada de su espíritu. Se cree que plantar arbustos de tulsi fuera de casa impide que la energía negativa llegue a la puerta, y esta hierba protege la energía espiritual del mismo modo. El tulsi es una hierba edificante que mejora el estado de ánimo y reduce los niveles de cortisol, la hormona del estrés, en el cerebro: Esto te hará sentir menos ansioso, más equilibrado y capaz de enfrentarte al mundo con una sonrisa en la cara.

Al igual que otros miembros de la familia de la menta, el tulsi es maravillosamente aromático y constituye una adición encantadora a cualquier jardín, balcón o repisa de ventana. Basta con pasar por delante para sentir el aroma que desprenden los aceites esenciales de sus hojas. Hay distintas variedades de tulsi, como la que tiene los bordes de las hojas morados, a juego con los tallos de flores moradas que produce cada planta. Algunas soportan el frío mejor que otras, así que, a menos que vivas en una región permanentemente cálida, tendrás que cultivar el tulsi en interior o elegir una variedad resistente. Plántalo a principios de verano en un lugar que disfrute de pleno sol durante todo el día. El tulsi es una planta anual, lo que significa que tendrás que replantarla todos los años, pero los numerosos beneficios de esta maravillosa hierba del chakra corona hacen que merezca la pena.

Según el Ayurveda, el tulsi es una hierba calentadora y un tónico reconstituyente. Otro adaptógeno, tiene efectos beneficiosos sobre muchas hormonas del cuerpo, ayudando a equilibrarlas y combatiendo el aumento de peso, la fatiga, la depresión y el insomnio. Como era de esperar, el tulsi también está alineado con el planeta Mercurio, ya que trata de equilibrar y liberar la mente de los bloqueos energéticos. El tulsi desbloquea tu mente espiritual, dejándote abierto a nuevas experiencias, opiniones y realizaciones. Se suele tomar como té refrescante, solo o combinado con hierbas refrescantes como el gotu kola o la lavanda.

El tulsi contiene una serie de sustancias químicas beneficiosas, pero lo que hace única a esta hierba es que cada planta contiene estas sustancias químicas en cantidades diferentes, incluso si dos hierbas aparentemente idénticas crecen una al lado de la otra. Sustancias químicas como el cineol y el canfeno ayudan a destapar la nariz y a eliminar la mucosidad pulmonar, mientras que el linalol combate la depresión y el insomnio.

Como ocurre con muchas otras hierbas, los efectos del tulsi durante el embarazo y la lactancia no están documentados, por lo que es mejor evitarlo o utilizarlo sólo si lo recomienda el médico. Se sabe que el tulsi afecta a la coagulación de la sangre, por lo que no debe tomarlo quien padezca un trastorno de la coagulación o vaya a someterse a una operación quirúrgica.

CALÉNDULA (CALENDULA OFFICINALIS)

Esta hierba vibrante y alegre aporta alegría allí donde crece. Sus grandes flores amarillas y naranjas, sus tallos verdes y sus hojas plumosas la hacen inconfundible y fácilmente reconocible. También llamada caléndula común, esta planta es originaria del sur de Europa, pero se ha trasplantado prácticamente a todas partes y crece bien en la mayoría de las regiones templadas. A todo el mundo le vendría bien tener alguna en su jardín, tanto si pretendieran utilizarla con fines medicinales como si no. Siembra las semillas de caléndula en abril para que florezcan desde junio hasta la llegada de las heladas invernales. Las flores madurarán y se convertirán en semillas a principios de otoño y, si se lo permites, las plantas sembrarán la siguiente cosecha, listas para mantenerte sonriente al año siguiente.

Las flores y las hojas se utilizan con fines medicinales. Hay que evitar los suplementos que sólo contienen los pétalos, ya que las partes más valiosas de las flores son las partes verdes que unen los pétalos a los tallos. Estas alegres flores solían convertirse en un tónico para el espíritu y se utilizaban en numerosas medicinas herbales. Una infusión de caléndula hace maravillas para bajar la fiebre y acelerar la recuperación de enfermedades infantiles como el sarampión y la varicela.

Donde la caléndula demuestra realmente su utilidad es como tratamiento tópico para diversas afecciones cutáneas. En siglos pasados, la gente frotaba la flor entera sobre las picaduras de abejas y avispas para evitar que se inflamaran. Hoy en día, el aceite de caléndula se utiliza en lociones y colirios por sus propiedades antiinflamatorias. La caléndula también actúa sobre cortes y heridas para que cicatricen con rapidez y dejen de sangrar. Además, sus propiedades antisépticas mantienen las heridas limpias y libres de infecciones, por lo que la caléndula es el único remedio para todas sus necesidades de primeros auxilios.

La caléndula es una hierba refrescante que se utiliza para combatir las altas temperaturas causadas por fiebres e inflamaciones, aunque está influenciada por el sol. El sol actúa de forma atípica con la caléndula: en lugar de alinearse con la energía del calor, impregna esta hierba de energía alegre e inspira su naturaleza útil y curativa. La caléndula contiene más de treinta componentes químicos diferentes, como aceites esenciales, esteroles, flavonoides y glucósidos.

Dependiendo de dónde vivas, podrás encontrar o no caléndula en estado silvestre. En Europa y el sur de los Estados Unidos crece en prados y bosques aislados, pero más al norte es menos frecuente. Si encuentras un cultivo cerca, recuerda recoger sólo una pequeña cantidad de flores para que puedan formar la siguiente generación de plantas y repoblar su colonia.

La caléndula se considera segura para todos los adultos y niños, a menos que se tengan alergia a las plantas de la familia Asteraceae (como la manzanilla y la equinácea), de la que forma parte. No se recomienda tomar caléndula durante el embarazo porque tiene un efecto estimulante sobre el útero que puede provocar hemorragias. Sin embargo, no hay ningún problema en utilizarla tópicamente en cremas y ungüentos.

RECETAS Y RELAJACIÓN

Tentador Té Tulsi

Esta hierba hace un poco de todo, incluso brindarte alegría. Relajarte con una taza de esta estimulante infusión te ayudará a desconectar al final de un día estresante, reduciendo los niveles de cortisol en el cerebro y preparándote para un buen descanso nocturno. Esta es la receta básica, pero puedes experimentar y añadir hierbas asociadas a tu gusto. El tulsi puede tener un sabor amargo, por lo que añadir hierbas con energía dulce como el hibisco, la rosa, la menta y el cardo mariano, no sólo lo equilibrará, sino que también le dará un impulso adicional de bondad herbal. Esta receta rinde dos tazas, así que puedes compartirla con un amigo o recalentar una más tarde.

Necesitarás:

- 2 ½ tazas de agua,
- 8 hojas de tulsi
- 1 pulgada de raíz de jengibre seca
- 2 cucharaditas de miel
- 1 cucharadita de zumo de limón

Pon el agua al fuego y añade el tulsi y la raíz de jengibre. Llevar a ebullición, bajar a fuego medio y dejar cocer a fuego lento. Cuando el líquido se haya reducido un 20%, cuela la mezcla en dos tazas y añade la miel y el limón hasta que esté a tu gusto.

Loción Calmante de Caléndula

Tanto si tienes problemas de piel seca y escamosa como si simplemente deseas mimarte, esta loción rica y untuosa te dejará la piel suave, tersa y cuidada. Cuando cuidamos nuestra piel, obtenemos beneficios de gran alcance: nos sentimos mejor con nosotros mismos, mejora nuestra salud mental, bajan los niveles de estrés y nos sentimos más relajados. Así que no tienes excusa para no encontrar un poco de "tiempo para mí" para esta loción en tu rutina diaria.

Necesitarás:

- 2 oz de aceite orgánico con infusión de caléndula
- 3 oz de manteca de karité orgánica

En primer lugar, tendrás que calentar la manteca de karité hasta que se derrita. Ponla en un bol de cristal sobre una olla de agua hirviendo, removiendo con frecuencia para asegurarte de que el calor se distribuya uniformemente. Cuando esté completamente líquida, retírala del fuego e incorpora el aceite de caléndula. Dejar enfriar la mezcla a temperatura ambiente durante media hora y, a continuación, pasarla al frigorífico durante otra media hora.

Batir la mezcla con una batidora de mano durante cinco minutos hasta que el color haya pasado de amarillo a una crema ligera. El resultado debe parecerse a la mayonesa, pero oler mucho mejor. Transfiérelo a un tarro de cristal esterilizado y guárdalo en un lugar seco.

Si quieres, puedes hacer tu propio aceite con infusión de caléndula. Aquí te explicamos cómo:

Pon una taza de aceite de oliva virgen extra en un tarro de cristal y añade ½ taza de pétalos de caléndula secos. Tapa el tarro, pero asegúrate de que no esté herméticamente cerrado, ya que podría explotar. Pon el tarro en una olla grande y añade agua hasta que esté ⅔ sumergido. Lleva el agua alrededor del tarro a ebullición y luego déjalo cocer a fuego lento durante cuatro horas, retirando periódicamente la tapa del tarro y agitando el contenido con un palillo o el mango de una cuchara. Cuando el aceite se haya enfriado un poco, cuélalo con una malla fina para eliminar los pétalos secos y guárdalo en un lugar fresco y oscuro.

Batido Corona Real Púrpura

La inspiración divina exige un tributo divino, y no hay nada más hermoso y apropiado que el profundo color violeta de este batido, excepto quizá su sabor. Tu chakra corona se alimenta de frutas que comparten el color de su energía vibracional, y esta deliciosa bebida marca una gran manera de empezar el día abriendo tu chakra a toda la fuerza del universo. Esta receta rinde lo suficiente para un batido grande o dos batidos más pequeños.

Necesitarás:

- 1 plátano, congelado en rodajas
- 1 taza de col morada, rallada
- ⅓ taza de moras, congeladas
- ⅓ taza de arándanos, congelados
- 5 hojas de tulsi
- 1 taza de leche vegetal o de frutos secos

Pon todo en una batidora o licuadora excepto la leche. Bate rápidamente durante 30 segundos y, a continuación, vierte un poco de leche. Alterna entre batir la mezcla y añadir más leche hasta conseguir la consistencia que más te guste. Yo prefiero que mis batidos sean más líquidos, así que uso toda la leche, pero si te gusta una textura más espesa, puedes usar sólo la mitad.

MEDITACIÓN DEL CHAKRA CORONA

Las hierbas bacopa y gotu kola han sido utilizadas como ayuda para la meditación tradicional durante miles de años, y puedes añadirlas a esta rutina para mejorar tu concentración mientras intentas abrir tu chakra corona y recibir la sabiduría del universo. Puedes preparar una infusión, tomar unas gotas de tintura o incluso masticar las hojas crudas.

Busca un lugar tranquilo y siéntate en el suelo, con la cabeza apoyada, la columna recta y la pelvis neutral. Inspira profundamente y acerca los hombros a las orejas. Relájalos al exhalar, asegurándote de liberar la tensión de los hombros, el cuello y la mandíbula.

Cierra los ojos e imagina un rayo de luz índigo o blanco que parte de la parte superior de la cabeza y se eleva hacia las estrellas. Al exhalar, observa cómo la luz fluye hacia arriba, elevando tus buenas intenciones, tu energía positiva y tus pensamientos espirituales. Cuando inhales, imagina que la luz cambia de dirección y fluye hacia abajo, llenándote del amor y la energía divina que te regala el universo. Si algún otro pensamiento se entromete en tu meditación, imagina que lo expulsas, no a través de esta luz espiritual, sino a través de tu nariz (o boca). Continúa mientras te sientas cómodo.

Cuando te dispongas a terminar la meditación, en tu exhalación final, da las gracias a los espíritus divinos y al universo por aceptarte en su mundo. No hay ninguna sílaba que cantar para el chakra corona. En vez de ello, pasa un minuto más sentado en silencio, simplemente escuchando el mundo que te rodea. Concéntrate en los sonidos que oyes a lo lejos y, poco a poco, acércate más y más hasta que los sonidos estén contigo en la habitación. A continuación, abre los ojos.

TISANAS: DOMINA EL ARTE
DEL BOTICARIO EN CASA

H abrás notado que, a lo largo de estos capítulos, he incluido varias recetas de tisanas, y hay varias razones para ello. Normalmente, para obtener los mayores beneficios de nuestras hierbas, necesitamos extraer sus esencias químicas en lugar de comerlas enteras; de hecho, muchas tienen un sabor tan amargo que te costaría comer lo suficiente para obtener algún beneficio. Hay varias formas de hacerlo, como tinturas, decocciones y aceites esenciales, pero pueden tardar horas, días e incluso semanas en alcanzar su máxima potencia. Sumergir las hierbas en agua caliente o fría es la forma más rápida de extraer sus propiedades beneficiosas.

Otra buena razón para empezar a infusionar hierbas es que el agua ayuda al organismo a absorberlas. A medida que la infusión avanza por el aparato digestivo, se difunde y absorbe de forma natural, como cualquier otro alimento o bebida. Tu estómago e intestinos regularán automáticamente su ingesta, al igual que hacen con las vitaminas y minerales extraídos de tus comidas diarias. Esto se debe a que tu organismo no trata el té como un suplemento en cápsulas, sino como una parte natural de tu dieta.

También he mencionado mucho las infusiones porque son una forma estupenda para los herbolarios principiantes de navegar por los miles de hierbas beneficiosas. Puedes comprar bolsitas de tisanas ya preparadas, con la dosis adecuada y hierbas sueltas o una mezcla diseñada por profesionales para funcionar en armonía. Una vez que hayas descubierto los beneficios de las infusiones, puedes pasar con confianza a crear las tuyas propias utilizando paquetes de hierbas secas. Por último, si quieres estar totalmente alineado espiritualmente con las hierbas que elijas, puedes cosechar y secar hierbas de tu propio jardín, balcón o patio.

CÓMO SECAR HIERBAS PARA EL TÉ

Hacer té con hierbas que has cultivado tú mismo no sólo es inmensamente satisfactorio, sino que pueden funcionarte mucho mejor a nivel espiritual. Recuerda que todas las plantas tienen su propio espíritu y que sintonizarán con tu energía espiritual si pasas tiempo con ellas, las cuidas y estableces un vínculo. Otras hierbas estarán en sintonía contigo debido a una historia ancestral compartida; por ejemplo, muchos creen que muchas hierbas que se han utilizado tradicionalmente en las prácticas herbolarias de los nativos americanos son más eficaces para los descendientes de la misma tribu que para los practicantes en otras partes del mundo. Por eso, aunque las recetas de los herbolarios regionales son cada vez más populares hoy en día, es posible que queramos elegir las hierbas que más se alineen con nuestro propio camino espiritual. Así que, si te dan a elegir entre varias hierbas que tienen efectos similares, quizá quieras considerar elegir las que reflejen tu propia herencia.

FABRICA TU PROPIA *Rejilla de Secado*

Si vas a desecar una gran cantidad de hierbas, deberías fabricarte una rejilla de secado. Puede ser algo tan sencillo como un marco de fotos grande sin el cristal ni el soporte. Grapa una tela de gasa o muselina sobre el marco para que quede tensa. Puedes hacer varias bandejas y colgarlas apiladas, utilizando cuerdas o cadenas, o fijar bloques de madera en cada esquina a modo de patas para hacerlas apilables. Guárdalas en un lugar cálido y seco, como la cocina o el lavadero, y llénalas de hierbas a medida que las vayas cosechando. La base de tela permitirá que circule el aire, secando las hierbas por todos los lados, pero aun así tardarán aproximadamente una semana en secarse por completo, dependiendo de su tamaño. Las hojas suelen tardar menos, pero las flores enteras, las raíces y los rizomas son los que más tardan.

COSECHA *Tus Propias Hierbas*

Cuando recoges hierbas de tu propio jardín, sabes que no has utilizado productos químicos ni pesticidas en ellas.

Ten cuidado cuando recolectes hierbas silvestres, y asegúrate de lavarlo todo bien, o podrías encontrarte ingiriendo algo poco apetecible y potencialmente venenoso. Sumerge las hierbas silvestres y forrajeras en una solución de agua salada al 10% durante 20 minutos, aclárasla bien y sécalas presionándolas entre hojas de papel de cocina. Esto debería eliminar cualquier sustancia química, incluidos pesticidas y fertilizantes. Como alternativa, si secas la hierba entera, puedes atar los tallos en pequeños manojos y colgarlos boca abajo de una percha o un gancho.

De cada hierba se utilizan diferentes partes con fines medicinales. De algunas, como la caléndula y el hibisco, sólo se utilizan las cabezas de las flores y las bases. De otras, como el jengibre y el malvavisco, son las raíces, pero de algunas, como la bacopa y el hinojo, se utiliza toda la planta. Hay que asegurarse de que sólo se sequen y utilicen las partes de la planta que sean beneficiosas, sobre todo porque a veces hay compuestos en las sobras que podrían resultar tóxicos en dosis elevadas. Hasta que adquieras más práctica, es importante que tengas a mano una guía de hierbas.

Una vez que las hierbas se hayan secado, deberías poder retirar todas las hojas y cabezas florales de los tallos. Machaca las hojas y las cabezas de las flores con un mortero y rompe o corta los tallos en trozos más pequeños. Puedes guardar las hierbas secas en tarros esterilizados o en bolsas con cierre hermético. No olvides etiquetarlas, porque cuando tengas unas veinte bolsas de hierbas secas en el armario, todas empezarán a parecerse.

COLANDO

Como vas a preparar la infusión con hojas sueltas -lo que significa que no estarán contenidas en una bolsita-, necesitarás algunas cosas más en el cajón de la cocina. En primer lugar, es fundamental tener algo con lo que colar el té. Puedes comprar coladores de té para una taza que actúan como una bolsita de té reutilizable: Pones las hierbas secas dentro y las echas en la taza de agua hirviendo. También puedes comprar teteras con coladores integrados en la boquilla, de modo que puedas echar las hierbas en la tetera y verter una taza de té perfectamente transparente, una y otra vez. Si vas a preparar grandes cantidades de té, tal vez para jarras heladas o para beber durante varios días, proba-blemente te convenga invertir en un colador grande por el que puedas verter el agua.

MÉTODOS DE PREPARACIÓN

La forma de preparar el té dependerá de un par de factores.

- Infusión: Si utilizas las flores, hojas y tallos de la hierba, puedes utilizar este método suave para extraer el sabor y las cualidades beneficiosas del té. Vierte 1 cucharadita de tu hierba en un colador de té o suelta en una taza. Si estás preparando té en una tetera, añade 1 cucharada por cada taza que vayas a preparar. Vierte agua hirviendo en la taza, coloca un posavasos sobre la parte superior para mantener el calor y deja reposar la hierba durante 10 minutos. Retira el colador o cuela la mezcla en otra taza y disfruta.

- Decocción: Este método funciona con las partes más duras de la hierba, como la raíz, la corteza, los rizomas o las semillas. En primer lugar, corta la hierba en trozos pequeños y échala en una cacerola, añade agua fría y llévala a ebullición; utiliza 1 ½ tazas de agua y 1 cucharada por cada taza de té que vayas a preparar. Tapa la cacerola y deja que hierva a fuego lento durante al menos una hora. Viértelo en tu taza favorita a través de un colador de malla fina y disfrútalo.

- Infusión en frío: Se trata de una infusión más suave en la que se dejan las hierbas durante más tiempo pero sin la ayuda del agua hirviendo para extraer los compuestos medicinales del té. Sin embargo, produce un té más dulce porque el agua caliente hace que las hojas excreten taninos que tienen un sabor amargo. Si pretendes beber el té frío o no te gusta añadir miel o azúcar, probablemente este método sea el más adecuado para ti. Llena una jarra con agua fría y hierbas, aproximadamente 2 tazas de agua por cada cucharada de hierbas. Coloca la jarra en el refrigerador y déjala reposar toda la noche o durante al menos 12 horas. Puedes dejar las hierbas en la jarra y pasarlas por un colador cuando sea necesario.

MEZCLAS DE INFUSIONES

Lo bueno de las infusiones es que puedes combinar cualquier hierba para adaptarla a tus necesidades. A algunas personas les gusta diseñar sus infusiones basándose en sus colores, sabores similares o en las partes del cuerpo a las que quieren dirigirse. La combinación de hierbas tónicas con hierbas curativas creará un té maravilloso para un órgano o una emoción, mientras que la combinación de hierbas tónicas para diferentes partes del cuerpo te dará un té que funciona como un estimulante completo.

Si estás iniciándote en el mundo de las infusiones, quizá te interese empezar con infusiones de una sola hierba. Se denominan "simples" y puedes encontrarlas fácilmente en tiendas o prepararlas tú mismo. Una buena infusión simple para empezar es la de menta, ya que no tiene un sabor amargo y es una buena infusión para todo. La menta suele añadirse a otras mezclas de té como edulcorante, pero por sí sola es absolutamente divina. Otra buena opción es el arándano rojo, un té ácido y afrutado que alivia el estrés y limpia los riñones.

La ventaja de los simples es que puedes saber si la hierba te funciona o no. Si tomas una mezcla con cinco hierbas diferentes y te hace sentir mejor, no sabrás fácilmente con cuál de ellas has encontrado afinidad. Para los herbolarios espirituales, esto plantea un enigma, y sólo tendrás que seguir experimentando con diferentes combinaciones, tomando notas de lo que funciona y lo que no, utilizando el método de ensayo y error para encontrar tus hierbas espirituales. También hay que tener en cuenta que el volumen de cada hierba se reduce a medida que se añaden otras, porque tu porción de té siempre será de alrededor de 1 cucharada, ya sea de una hierba o de diez. Tendrás que beber más tazas de una mezcla que contenga menta para conseguir el mismo efecto que con una simple infusión de menta. Aquí tienes algunas de mis mezclas favoritas de té para los chakras para que las disfrutes.

Té Helado de Diente de León - Chakra Raíz

- 8 dientes de león enteros, incluida la raíz
- 2 bolsitas de té negro
- 1 cucharadita de jengibre rallado
- ½ limón en rodajas
- ⅓ de taza de miel cruda
- 1 taza de agua
- 3 tazas de hielo

Pon los dientes de león, el jengibre y el té en una cacerola con una taza de agua y déjalo hervir a fuego lento durante cinco minutos. Déjalo enfriar y añade la miel y las rodajas de limón cuando esté tibio. Pon el hielo en una botella o una jarra y cuela el té por encima. Esta receta rinde cuatro tazas de té helado y se conserva en un recipiente hermético en el refrigerador durante una semana.

TÉ DEL AMOR de Mujer-Chakra Sacro

- 1 cucharada de pétalos de rosa secos
- 1 cucharadita de flores de hibisco
- 1 cucharadita de sauzgatillo triturado
- 1 cucharadita de anís estrellado molido
- 1 cucharadita de canela
- 1 cucharadita de miel o jarabe de arce
- 4 tazas de agua

Se cree que este tónico alivia los síntomas del síndrome

premenstrual y la menopausia. Basta con añadir todas las hierbas a una cacerola y llevarlas a ebullición; a continuación, bajar el fuego y cocer a fuego lento durante 10 minutos. Se cuela y se sirve, añadiendo miel o jarabe al gusto. Esta receta rinde dos tazas y puede recalentarse más tarde.

TÓNICO PARA EL *Vientre-Chakra del Plexo Solar*

- 1 cucharadita de menta
- 1 cucharadita de frambuesa seca
- 1 cucharadita de raíz de regaliz
- ½ cucharadita de piña seca
- 2 ½ tazas de agua

Hierve el agua y añade la raíz de regaliz, la menta, la frambuesa y la piña. Tapar la olla y dejar cocer a fuego lento durante 10 minutos. Pasar por un colador y servir. Esta receta rinde dos tazas y puede recalentarse más tarde. Es un remedio calmante para las molestias digestivas, además de ser un tónico reconstituyente de uso prolongado.

INFUSIÓN DE ROSA ENTRE ESPINAS - Chakra del Corazón

- 1 cucharada de bayas de espino secas
- 1 cucharada de pétalos de rosa secos
- 2 tazas de agua hirviendo

Esta mezcla de color rojo brillante te abrirá el corazón y te ayudará a reparar uno roto. También es un tónico increíble para la sangre. Remoja las hierbas en una tetera con el agua hervida y deja reposar toda la noche. Cuando estés listo para beber, cuela el té y caliéntalo de nuevo. Esta receta rinde dos tazas.

Mezcla de Aliento Suave - Chakra de la Garganta

- 2 cucharaditas de malvavisco
- 1 cucharadita de saúco
- 1 cucharadita de menta
- 1 cucharadita de gordolobo
- 1 cucharadita de tomillo

Esta mezcla es mejor tomarla caliente para potenciar la naturaleza limpiadora de las hierbas, que están diseñadas para desbloquear los senos nasales y calmar cualquier irritación en los pulmones. Pon todas las hierbas en una olla y añade 3 tazas de agua hirviendo. Déjalas reposar de 10 a 15 minutos y cuélalas en una taza. Vuelve a calentar y disfruta. Esta receta rinde de dos a tres tazas.

Búsqueda de Clarivi-Té-Chakra del Tercer Ojo

- 2 cucharaditas de artemisa
- 1 cucharadita de polvo de eufrasia
- 1 cucharadita de flores secas de lavanda
- Miel al gusto

Deja remojar la artemisa y la lavanda secas en una olla con 2 tazas de agua hervida. Pasados dos minutos, añade la eufrasia en polvo y tanta miel como desees. Después de dos minutos más, cuela la infusión en una taza y disfrútala. Esta mezcla abrirá tu chakra del tercer ojo y te ayudará a ver la verdad a tu alrededor.

Mezcla Camino Hacia la Iluminación - Chakra de la Corona

- 4 cucharadas de polvo de gotu kola
- 4 cucharadas de menta
- 2 cucharadas de romero fresco
- 8 tazas de agua hirviendo

Coloca las hierbas en una cacerola grande con tapa y vierte el agua hirviendo. Cierra la tapa y deja reposar la infusión durante media hora. Cuélala en una jarra y sirve una taza cuando sientas la necesidad de un estímulo cerebral o de reconectar con el plano espiritual. Esta receta rinde 8 tazas y se conserva en el refrigerador en un recipiente hermético durante una semana. Recaliéntala cuando sea necesario.

LAS MEJORES FLORES PARA EL TÉ

Cultivar hierbas con flores en el jardín puede ser doblemente beneficioso: No sólo dispondrás de un suministro de flores para tu infusión, sino que obtendrás los beneficios para la salud mental de disfrutar de la belleza que aportan a cualquier espacio. Las siguientes flores, además de las mencionadas en capítulos anteriores, hacen tés sencillos especialmente deliciosos o pueden combinarse para hacer mezclas iniciales.

Borraja

Estas bonitas flores azules en forma de estrella añaden un poco de glamour a cualquier jardín de té. La borraja no sólo es un tónico clave para los riñones, sino que también levanta el ánimo y da coraje para seguir luchando, incluso cuando el presente parece un poco oscuro. Utiliza hojas, flores y semillas frescas en una infusión fría y bébela con hielo.

MENTA GATERA

Hierba muy conocida para tu compañero felino, la hierba gatera no guarda todos sus trucos para los gatos. Seca las flores y las hojas y prepáralas

en infusión caliente para aliviar los síntomas del síndrome premenstrual, el reflujo ácido y el insomnio. Esta versátil hierba también actúa como calmante para los días en los que te cuesta relajarte y la ansiedad está alterando tu digestión.

Manzanilla

Esta hierba, de la familia de las margaritas, tiene flores pequeñas y amarillas, hojas ligeramente esponjosas y tallos peludos, todo lo cual se puede utilizar para preparar infusiones. Debe prepararse como infusión caliente y es una cura maravillosa para las alergias como la fiebre del heno, también conocida como rinitis, porque es un antihistamínico natural. Bebe una taza cada mañana para aliviar los síntomas y prepararte para un día sin alergias. También es un tónico eficaz para recuperarte de un dolor de cabeza o una migraña y, si se bebe con regularidad, puede evitar que se repitan.

Lúpulo

Generalmente presente en la cerveza, esta enredadera de color verde oscuro produce flores que parecen pequeñas piñas. Pueden recolectarse, secarse y prepararse en infusión caliente para ayudar a conciliar el sueño. El lúpulo tiene una larga lista de efectos positivos en las mujeres porque está repleto de estrógenos vegetales, por lo que esta planta se utiliza para tratar el síndrome premenstrual, los síntomas de la menopausia, el síndrome del intestino irritable y la ansiedad nerviosa. Si inhalas el vapor de tu infusión de lúpulo, te ayudará a eliminar la mucosidad de los pulmones.

Cedrón

Este arbusto se ve y huele muy bien en cualquier jardín. Sus hojas de color verde pálido contrastan con sus flores púrpuras, que se secan para preparar infusiones. A menudo se añade a otras hierbas para mejorar su sabor, pero el cedrón (también conocido como hierba luisa) tiene sus propios beneficios que no deben ignorarse: Tiene un efecto sedante en el estómago, alivia los gases y los calambres, y también embellece la piel. Prepárala en infusión caliente para una deliciosa sobremesa.

Reina de los prados o Ulmaria

Esta hierba favorita de los druidas europeos, de color crema, desprende un aroma parecido al de la almendra. Analgésico natural, el té de Reina de los prados, elaborado con sus hojas y flores, también calma y alivia el estómago. Esta hierba es reconstituyente y protege el revestimiento del estómago y los intestinos, por lo que su uso regular mantendrá el sistema digestivo en óptimas condiciones de salud.

Pasiflora o Pasionaria

Estas exóticas flores de color púrpura proceden de las Indias Occidentales y crecen en enredaderas que prosperan a la luz del sol. Tomada en infusión, la pasiflora se utiliza para tratar afecciones nerviosas y aporta los mejores beneficios cuando forma parte de una rutina diaria o semanal. Si te sientes irritable, ansioso, estresado o sufres dolores de cabeza por tensión y agotamiento nervioso, éste es tu tónico. También es un sedante suave y levanta el ánimo, es buena para levantar el espíritu y ayudarte a ver la luz. Prepara las flores en infusión caliente y añade lavanda para conciliar el sueño.

HIERBA DE SAN JUAN

Tradicionalmente considerada un purificador y sanador, hay muy pocas afecciones que no puedan aliviarse con una infusión caliente de hierba de San Juan. Las delicadas flores amarillas están llenas de aceite volátil que puede extraerse durante el proceso de infusión. Esta hierba es un tónico maravilloso para el sistema nervioso y reparará los daños causados por periodos prolongados de agotamiento y estrés. También alivia los síntomas de la depresión si se toma con regularidad.

BETÓNICA O BETONÍA

Los racimos de flores púrpuras se agolpan en la parte superior de los tallos y confieren a la betónica del bosque su inconfundible aspecto. Antiguamente se conocía como hierba de los obispos y se creía que significaba santidad. Se seca toda la planta durante la

floración para aprovechar al máximo su poder curativo, y luego se prepara en infusión caliente para diversos usos. Beber té de betónica puede ayudar a despejar la niebla cerebral y los dolores de cabeza, y también se puede utilizar para aliviar cortes y rasguños, llagas e infecciones.

Milenrama

Los tallos de la milenrama crecen altos y erguidos, brotando en racimos de flores durante los meses de verano. Es una flor silvestre común de los prados y se ha utilizado como hierba curativa durante miles de años. Se puede secar toda la planta cuando está en flor y utilizarla como infusión. La infusión de milenrama debería ser tu infusión de cabecera para combatir los resfriados y la gripe, así que prepárala lo más caliente que puedas para expulsar el virus. Una vez que se haya enfriado, puedes usarla externamente para acelerar la cicatrización de heridas, quemaduras y úlceras.

❧ 9 ❧
TU RUTINA HERBOLARIA
ESPIRITUAL: UN PLAN DE 14
DÍAS PARA REALINEAR Y
REJUVENECER TUS CHAKRAS
A BASE DE HIERBAS

Espero que, al leer las páginas de este libro, hayas encontrado ciertas hierbas que te hayan llamado la atención y se hayan quedado grabadas en tu mente. Ya sea que esto se deba a un instinto visceral que te ha guiado hacia ellas o a que tu cerebro te ha dicho que se ajustan a tus necesidades, siempre querrás escuchar a tu cuerpo. Éste interpretará los mensajes que no puedas comprender y trabajará para guiarte hacia las hierbas que alimentarán y nutrirán tu espíritu.

En la introducción hablé brevemente de la importancia de incluir las hierbas en tu rutina diaria y de utilizar rituales que te den tiempo para reflexionar acerca de tu conexión con la naturaleza. En el resto de este capítulo encontrarás un plan de 14 días en el que se sugieren formas de utilizar las hierbas, recetas y meditaciones presentadas en esta guía para enriquecer tu vida de forma regular. El plan está aquí para que lo utilices como mejor te parezca: síguelo religiosamente durante dos semanas y luego haz algunos ajustes personales, o córtalo y modifícalo para adaptarlo a tus rutinas actuales. Por ejemplo, es posible que ya utilices un tónico facial antes de acostarte, pero ahora quizá quieras cambiarlo por una hierba que se adapte mejor a ti.

Un punto importante que debemos mencionar es que no todas las hierbas dan resultados inmediatos. Algunas tardan al menos seis semanas en acumularse en tu organismo, y sólo después de este tiempo notarás su efecto. Si no estás seguro de si una hierba te está funcionando después de este tiempo, puedes cambiarla por otra con beneficios similares.

En el siguiente plan, me centraré en un chakra cada día. Si quieres crear tu propia rutina para prestar más atención a un chakra específico, te sugiero que te concentres en él durante varios días consecutivos. Por ejemplo, una rutina de tres días centrada en la limpieza del chakra del plexo solar debería comenzar durante la luna creciente para aprovechar el poder lunar de la transformación.

PRIMER SEMANA

Esta rutina se dividirá en rituales matutinos y vespertinos, pero, por supuesto, puedes encontrar tiempo en cualquier momento para alimentar tu ser espiritual. No sientas que tienes que seguir cada día al pie de la letra -a menos que quieras-, pero siéntete libre de elegir entre las diferentes actividades. Si llevar un diario no es lo tuyo, o si no tienes cristales a mano, aun así obtendrás muchos beneficios del resto de la rutina.

Lunes

Chakra de Enfoque: El Chakra Raíz

- **Por la mañana:** La rehidratación debe ser lo primero en lo que pienses por la mañana. Durante el sueño, el cuerpo ha agotado sus reservas de líquidos y reponerlas es una de las mejores maneras de despertar el cerebro. Aunque mucha gente recurre tradicionalmente al café para su infusión matutina, éste no es tan hidratante como el té. Llena una botella de agua con té helado de diente de león y déjala junto a tu cama, para que puedas disfrutarla como parte de tu ritual matutino para despertarte. Mientras lo bebes a sorbos, el comienzo de la semana es un buen momento para escribir un diario. Escribe tus pensamientos e intenciones para la semana: ¿hay algo que te preocupe o que te haga especial ilusión?

- **Por la noche:** Disfruta de un tazón de sopa caliente del chakra raíz. Cocinar para los chakras es una forma estupenda de revitalizarlos e incorporarlos a tus rutinas actuales. Antes de acostarte, tómate cinco minutos para conectarte a tierra con algunas posturas de yoga. El chakra raíz puede realinearse con posturas de equilibrio como la de la montaña o la del árbol. Termina con una meditación sobre el chakra raíz.

Martes

Chakra de Enfoque: El Chakra Sacro

- **Por la mañana:** Antes de levantarte de la cama, toma algunos cristales naranjas y colócalos sobre tu chakra sacro. Te recomiendo cornalina, piedra solar o calcita naranja. Enfoca tus intenciones para el día a través de las piedras y hacia tu chakra sacro. Una vez despierto, tómate un batido energizante del chakra sacro. Esto te dará un buen subidón de fibra y carbohidratos de liberación lenta para pasar la mañana.

- **Por la noche:** Este chakra es la sede de tus pasiones, así que esta noche dedica tiempo a algo que te guste. Lee un libro, pinta un cuadro, haz manualidades, juega a un juego de mesa, lo que sea que te haga feliz. Flexibilizar tus músculos creativos te ayudará a realinear las energías de tu chakra sacro. Cuando hayas terminado, relájate con una taza humeante de chocolate caliente. Mezcla cuadrados de chocolate negro en la leche caliente y añade un par de ramas de canela para darle sabor y como tónico para el sistema circulatorio.

MIÉRCOLES

Chakra de Enfoque: El Chakra del Plexo Solar

- **Por la mañana**: Mucha gente medita al final del día para despejar la mente antes de acostarse, pero meditar a primera hora de la mañana, cuando la mente aún está despejada, puede ayudarte a alcanzar un mayor estado de relajación y acercarte a tu yo espiritual.

Aprovecha este momento para escuchar el mundo que te rodea mientras realizas tu meditación del chakra del plexo solar. Termina con una taza de té antioxidante para calentar y revitalizar tu hígado.

- **Por la noche:** Tómate una taza de tónico digestivo después de cenar para facilitar la digestión y evitar que cualquier irritación afecte tu sueño. Enciende unas velas para atraer el elemento fuego de tu chakra y prepárate un baño calmante de avena y manzanilla. También es un buen momento para revisar el diario del lunes. ¿Cómo se están materializando tus pensamientos e intenciones para la semana? El chakra del plexo solar contiene la esencia de la imagen que tienes de ti mismo, así que es un buen momento para escribir algunas reflexiones personales. ¿Cómo puedes crecer y avanzar hacia tus objetivos personales? Fíjate un objetivo positivo para la semana: podría ser probar una nueva clase de ejercicio, comer algo sano o adquirir una nueva habilidad para el trabajo.

JUEVES

Chakra de Enfoque: El Chakra del Corazón

- **Por la mañana:** Para
  realinear el chakra del corazón,
  vamos a centrarnos en abrirte a
  dar y recibir amor. Utiliza tu
  diario para escribir un mensaje
  a un amigo, enamorado o
  familiar, expresando tus
  verdaderos sentimientos hacia
  él. Sé abierto y sincero, busca en lo más
  profundo de tu corazón para encontrar tus
  emociones más íntimas. Si eliges a alguien con
  quien te has peleado recientemente, aprovecha
  esta oportunidad para perdonarle. Para
  aprovechar la alineación elemental de este
  chakra con el aire, puedes escribir tu diario al
  aire libre o cerca de una ventana abierta.
  Tómate una cucharada de jarabe potenciador
  de la felicidad del corazón antes de escribir para
  concentrarte mejor en tus intenciones.

- **Por la noche:** Pasa tiempo esta noche con un
  ser querido o una mascota de la familia. Habla
  por teléfono con alguien a quien hace tiempo
  que no ves. Este es tu momento para disfrutar
  del amor que otras personas sienten por ti.
  Prepara unas trufas para el camino hacia el

chakra del corazón y compártelas con un amigo o date un capricho. Después, relájate con una ducha de vapor de eucalipto: Cuelga un manojo de ramas frescas de eucalipto sobre el cabezal de la ducha para liberar sus relajantes aceites esenciales.

VIERNES

Chakra de Enfoque: El Chakra de la Garganta

- **Por la mañana:** Empieza el día rehidratándote con un vaso de licor casero de flor de saúco. El chakra de la garganta está relacionado con la comunicación y la expresión, así que ¿qué mejor manera de terminar la semana laboral que cantando con alegría? Hazte una lista de reproducción con tus tres canciones de karaoke favoritas y cántalas a pleno pulmón. Prepárate un bocadillo de arándanos y moras para cuando te entre el hambre.
- **Por la noche:** Es hora de descansar los pulmones y las vías respiratorias después de una semana de trabajo. Prepárate un baño de vapor

de hierbas con una mezcla de salvia, flor de saúco y tomillo. Echa una cucharada de cada hierba en un bol, añade agua hirviendo y remueve. Coloca una toalla sobre el cuenco y tu cabeza, y disfruta de tu propio sauna de hierbas personal. Puedes cambiar las hierbas para energizar distintos chakras y órganos, pero esta combinación siempre es un buen punto de partida. Regálate un aperitivo nocturno de Supermiel en pan tostado. Si hoy has pasado mucho tiempo hablando, recarga los poderes de comunicación de tu chakra de la garganta colocando algunos cristales junto a tu cama: Recomiendo la sodalina, la calcita azul y el lapislázuli.

SÁBADO

Chakra de Enfoque: El Chakra del Tercer Ojo

- **Por la mañana:** Despiértate con un batido matinal para abrir el (tercer) ojo. Asegúrate de abrir todas las cortinas y persianas y deja que entre la luz natural en tu casa, ya que la luz es el elemento asociado con

la restauración de este chakra. Empieza el día meditando y respirando con las fosas nasales alternas. Mientras meditas, visualízate realizando tus sueños y enviando esa energía de manifestación al universo. Busca un lugar soleado y practica un poco de yoga para aumentar el flujo de energía hacia el chakra del tercer ojo: la postura del delfín es buena para esto, al igual que la postura del loto.

- **Por la noche:** Es una buena práctica dejar un diario de sueños junto a la cama para poder registrarlos cuando te despiertes. Si no tienes uno, ahora es un buen momento para prepararlo porque si tu chakra del tercer ojo está abierto y con energía, tus sueños serán vívidos y reveladores. Coloca una bolsita para tener dulces sueños dentro de la funda de tu almohada y sírvete una taza nocturna de infusión de lavanda y manzanilla. Asegúrate de apagar todas las pantallas al menos una hora antes de acostarte.

DOMINGO

Chakra de Enfoque: El Chakra Corona

- **Por la mañana:** Calienta una taza de Mezcla Camino hacia la Iluminación y disfruta de un entorno tranquilo. Realiza la meditación del chakra corona para abrirlo y restablecer tu conexión espiritual con el universo. Da un paseo sensorial por tu casa para conectar realmente con tu realidad y tu entorno: Camina descalzo por las diferentes superficies del suelo, toca las diferentes texturas de los muebles y escucha el sonido de tus pasos y tu respiración. Da las gracias al universo por los abundantes regalos de belleza que hay en tu vida.

- **Por la noche:** Repasa tu diario y comprueba si has cumplido tus propósitos de la semana. Pide al universo que te abra los ojos y te enseñe la lección que puedes sacar de ello. Date un baño o una ducha relajante y mima tu piel untándote la Loción Calmante de Caléndula para sellar la hidratación y aliviar las zonas secas.

SEGUNDA SEMANA

Para centrarte más profundamente en un chakra cada vez, podrías fusionar estas semanas y observar Lunes, Lunes, Martes, Martes, etc. He dado deliberadamente dos semanas distintas para ilustrar la variedad de actividades potenciadoras de los chakras entre las que elegir.

LUNES

Chakra de Enfoque: El Chakra Raíz

- **Por la mañana:** Sal a la naturaleza temprano por la mañana, preferiblemente a un lugar tranquilo y privado, como el jardín de tu casa, un bosque cercano, un parque o la playa. Ve lo más temprano que puedas, para que puedas experimentar plenamente el despertar del mundo. Si no puedes salir al exterior, puedes simular sonidos de la naturaleza a través de auriculares mientras meditas y visualizas te imaginas en el exterior. Pasar tiempo en la naturaleza es muy importante para conectar con la Tierra y sentir la energía vibratoria del planeta. La desconexión con la Tierra puede hacer que te sientas a la deriva y sin dirección.

Intenta continuar tu conexión con la naturaleza a lo largo del día comiendo al aire libre.

- **Por la noche:** Observa la puesta de sol, dando gracias mentalmente al universo por poder formar parte de toda la creación. Si tienes cristales, puedes sostenerlos y recargarlos ahora, utilizando la energía de la puesta de sol y tu agradecimiento espiritual: unos buenos cristales para el chakra raíz son el ojo de tigre, la hematista, la obsidiana y el jaspe rojo. Después de cenar, disfruta de un batido afrutado insuperable de remolacha. Sal a correr por la noche si tienes un lugar seguro para hacerlo.

MARTES

Chakra de Enfoque: El Chakra Sacro

- **Por la mañana:** Despierta tu chakra sacro con algunos estiramientos de yoga que apliquen un movimiento para el chakra sacro. La postura del triángulo girado es una buena opción, ya que atrae tu energía hacia este chakra. Llena tu

desayuno con frutas de color naranja: mango, papaya, melocotones y naranjas. Completa la mañana con una taza de té de hibisco o té del amor de mujer si tienes síntomas de menopausia o premenstruales.

- **Por la noche:** Continúa el día centrándote en los alimentos de color naranja con un cálido tazón de sopa potenciadora del chakra Sacro. Tus sentimientos de autoestima están arraigados en tu chakra sacro, y cuando está bloqueado, puede ser difícil ver tu propio valor. Utiliza este tiempo con tu diario para escribir cinco formas en las que aportas valor al mundo. Piensa en tus relaciones con los demás y en cómo tus acciones han provocado cambios positivos, y celebra cualquier éxito, por pequeño que sea. Si ya has hecho este paso antes, vuelve a hojear tu diario y recuerda lo que escribiste en ocasiones anteriores.

Miércoles

Chakra de Enfoque: El Chakra del Plexo Solar

- **Por la mañana:** Empieza con buen pie desayunando un batido para aumentar la energía del plexo solar. Este chakra está alineado con el sol, por lo que algunos saludos al sol de yoga te ayudarán a que tu energía fluya en la dirección correcta. Termina tu entrenamiento con la Postura del Barco para centrar tu energía en el plexo solar. Intenta pasar el mayor tiempo posible bajo la luz del sol, con ropa adecuada y protección solar, por supuesto. Aunque el día esté nublado, te beneficiarás de la luz natural.

- **Por la noche:** Cómprate un ramo de flores amarillas brillantes para atraer energía positiva a tu hogar. Narcisos, tulipanes, girasoles y rosas desatarán la alegría cada vez que las veas. Rodéalas con cristales amarillos de turmalina, calcita y citrino para absorber sus vibraciones alegres y armoniosas. Disfruta de una taza de Té de Astrágalo Inmunoestimulante -o simplemente prepara un sencillo té de raíz de Astrágalo- junto a tus flores.

JUEVES

Chakra de Enfoque: El Chakra del Corazón

- **Por la mañana:** Toma tus cristales sanadores del corazón y realiza tu meditación del chakra del corazón. Mantén los cristales sobre el chakra del corazón unos instantes más y pregúntale a tu corazón qué quiere para el día. Utiliza la energía de esta intuición para cargar tus cristales y llévalos contigo todo el día para ayudar a dirigir el universo en la dirección correcta. Despiértate con la postura de yoga del Guerrero de la Paz. Esta postura abre tu chakra del corazón y envía tu energía amorosa al mundo. Termina el ejercicio con un batido para el amor propio.

- **Por la noche:** Esta noche nos centraremos en los pulmones y en liberar el dolor acumulado. Todos cargamos con la pena, aunque no seamos conscientes de ello, y dejar que se estanque en los pulmones puede ser problemático. Busca un lugar tranquilo para realizar el ejercicio de sanación con sonido. Una buena regla general es una exhalación de limpieza por cuatro inhalaciones de recarga, repetidas tantas veces como consideres necesario. Liberar el dolor puede minar tu energía, así que termina con una taza de infusión de rosa entre espinas y una actividad tranquila, como ver tu película favorita o leer una novela ligera.

VIERNES

Chakra de Enfoque: El Chakra de la Garganta

- **Por la mañana:** Un chakra de la garganta bien equilibrado te ayuda a decir tu verdad y a expresar tu individualidad. Utiliza tu diario esta mañana para pensar en los aspectos de tu personalidad que te gustaría que el mundo viera más.
Piensa en las formas en que puedes expresarte mejor: a través de tus acciones, tu ropa y tus aficiones. Si quieres, puedes dibujar tu personalidad en lugar de escribir sobre ella. Tómate una taza de mezcla de aliento suave para recargar el chakra de la garganta para un día de comunicación.
- **Por la noche:** Es un buen momento para limpiar tu casa de cualquier residuo de energía

negativa. Puedes utilizar salvia, salvia blanca, hierba dulce o lavanda. Una vez que hayas limpiado el espacio, puedes invitar a la energía positiva a que se instale en tu lugar. Realiza la meditación del chakra de la garganta e intenta cantar rítmicamente. Después de cenar, tómate un vaso de Batido contra la melancolía, sobre todo si has comido algo picante, ya que refrescará y restaurará el tejido de tu garganta.

SÁBADO

Chakra de Enfoque: El Chakra del Tercer Ojo

- **Por la mañana:** Antes de acostarte la noche anterior, apaga el despertador y deja las cortinas o persianas abiertas. Esta mañana, te despertarás con la luz natural del sol creciente. Esto es extremadamente energizante para tu glándula pineal. Antes de levantarte de la cama, coloca tu piedra favorita del chakra del tercer ojo entre las cejas -en el lugar donde reside tu chakra- e imagina que atrae energía hacia tu chakra. Las piedras que recomiendo son la amatista, la azurita y el cuarzo. Pronuncia en voz alta alguna de las siguientes afirmaciones para cargar tus piedras y tu chakra con intenciones positivas:

Mi mente está sana y llena de sabiduría
Mi imaginación es creativa y fluye libremente
Mi intuición es confiable y la sigo con gusto
Mi espíritu está vivo con la verdad de mi alma
Mis ojos están abiertos a las lecciones del universo.

- **Por la noche:** Comprométete a pasar esta noche sin pantallas que produzcan luz azul y mantén los niveles de luz sintética al mínimo para que tu chakra del tercer ojo regule tus patrones de sueño. Cuando se ponga el sol, tómate una o dos tazas de Búsqueda de Clarivi-Té y elige una actividad que alimente tu cerebro: un crucigrama, un juego de mesa, aprender una nueva habilidad o investigar algo que te interese. Estimular tu cerebro te ayudará a mantenerlo sano y vital.

Domingo

Chakra de Enfoque: El Chakra Corona

- **Por la mañana:** Mientras que los demás chakras tienen alimentos que los nutren, el chakra de la corona sólo se nutre por medios espirituales, por lo que se asocia con el ayuno. Hoy, planifica un ayuno intermitente, en el que sólo comas entre las 10 de la mañana y las 6 de la tarde. Si padeces algún problema de salud a largo plazo, como diabetes, síndrome del intestino irritable o cáncer, o estás tomando medicación, consulta a tu médico antes de ayunar durante un periodo de tiempo. Las infusiones no rompen el ayuno, así que prepárate una tanda de Tentador Té Tulsi para pasar la mañana.

- **Por la noche:** Para la cena, elige alimentos de color blanco o añil, como un risotto de berenjena, y termina con un batido Corona Real. Este es un buen día para cuidar las hierbas y plantas que cultivas, tomándote el tiempo para hablar con ellas, alimentarlas y agradecerles la belleza y las cualidades curativas que aportan. Termina la noche con una meditación del chakra corona y disfruta de la paz y la quietud de la noche. Si puedes, siéntate al aire libre y contempla las estrellas. Observa la inmensidad del universo, cómo es eterno e interminable, y cómo tú tienes la bendición de formar parte de él.

EPÍLOGO

El objetivo de este libro es guiarte en tu camino mientras das esos primeros pasos tentativos por la senda del herbalismo espiritual, armándote con ramilletes de recetas, meditaciones y revelaciones botánicas a lo largo del camino. Tu viaje comenzó cuando tomaste la decisión de pasar la primera página, y ahora que has llegado al final, no ha terminado en absoluto. Tienes las herramientas y la sabiduría para comenzar a introducir cambios en tu vida que te llevarán a lugares de energía positiva y plenitud espiritual que muchas personas sueñan con alcanzar.

Mencioné al principio que estas páginas traerían consigo aprendizaje e iluminación, pero eso es sólo porque has abierto tu corazón y tu mente a la posibilidad del crecimiento personal y espiritual. Encontrar el equilibrio adecuado nunca es fácil -de lo contrario, todo el mundo estaría perfectamente alineado todo el tiempo- y es algo que puede cambiar de un día para otro. La vida a menudo te desafía, y esto tiene el potencial de alejarte de tu verdadero camino espiritual, quizás haciéndote sentir estresado, ansioso y desconfiado de tus propios instintos. Aquí es exactamente donde la herbología espiritual puede ayudarte, y felicito a tu intuición por haberte guiado hacia este camino.

Has tenido la oportunidad de aprender sobre más de 25 hierbas importantes y cómo pueden ayudar a limpiar, revitalizar y apoyar todo tu organismo. No sólo eso, sino que ahora también sabes cómo utilizarlas para reconectar con tu ser y abrir la puerta al plano espiritual, donde podrás comunicarte con la energía divina del universo.

Mi consejo es que encuentres la forma de incorporar el herbalismo espiritual a tu vida de una manera que funcione para ti. Confía en la intuición de tu corazón y en tus instintos; seguro que ya te han hablado y te han dicho qué hierbas debes probar primero. Es posible que disfrutes cultivándolas tú mismo o que decidas que tu energía estará mejor empleada en otra cosa y, en su lugar, encuentres algunos proveedores increíbles de hierbas secas y mezclas de té.

A medida que trabajes para reconstruir y realinear tus chakras, experimentarás muchos cambios positivos en tu vida. Te sugiero de todo corazón que lleves un diario, para que puedas mirar atrás en el futuro y maravillarte de lo lejos que has llegado. A medida que añadas más y más rituales y prácticas espirituales a tu rutina diaria, experimentarás con nuevas formas de aumentarlos con tu creciente conocimiento del herbalismo. Desde tés y tinturas hasta aceites esenciales, vapores de hierbas, batidos, sopas y ensaladas, hay muchas formas en las que nuestras aliadas, las plantas, pueden beneficiarnos. Espero que disfrutes experimentando con diferentes mezclas de infusiones y que encuentres placer en la recolección de tus propias hierbas. Elaborar tus propias hierbas medicinales tiene algo de innatamente satisfactorio. Me gusta pensar que son nuestros recuerdos ancestrales los que salen a la superficie.

¿Hacia dónde quieres llegar? Ahora ya conoces algunos de los fundamentos de la herboristería y cómo pueden ayudarte, pero aún te quedan miles de secretos por descubrir. Empieza trabajando con las hierbas y recetas de este libro, ya que son algunas de las más eficaces y universalmente aceptadas. Si quieres profundizar en los reinos de la sanación a base de hierbas, hay una serie de sitios web maravillosos que ofrecen cursos estructurados y enciclopedias detalladas de hierbas donde puedes encontrar curas y tónicos para casi todo. Puedes buscar las hierbas que creas que están más alineadas con tu espíritu, o puedes investigar las plantas que encuentres creciendo a tu alrededor. El mundo del herbalismo espiritual es vasto y está lleno de practicantes expertos dispuestos a compartir su sabiduría.

Por último, recuerda que el herbalismo espiritual va más allá de lo que estas hierbas pueden hacer por tu cuerpo. Los espíritus de las plantas y la energía de la propia Madre Naturaleza también actuarán como tónicos para tu propio espíritu. Nuestras plantas aliadas quieren ayudarnos y curarnos, y tú siempre querrás corresponderles con gratitud. Ten cuidado de no tomar más de lo que necesites, y ten la amabilidad de acordarte de dejar suficiente para la siguiente persona.

Espero que incorporar el herbalismo espiritual a tu vida, te traiga alegría, positividad y una conexión renovada con la inteligencia universal suprema.

REFERENCIAS

Ajmera, R. (2017). 8 Benefits of Hibiscus Tea. Healthline. https://www.healthline.com/nutrition/hibiscus-tea-benefits

Anima Mundi Herbals. (n.d.). THE ASTROLOGY OF Herbs. https://animamundiherbals.com/blogs/blog/the-astrology-of-herbs

Anon. (n.d.). Ginger-fennel-peppermint Tonic Recipe. Group Recipes. http://www.grouprecipes.com/64111/ginger-fennel-peppermint-tonic.html

Apni Kheti. (n.d.). Shankhpushpi Farming Punjab. https://www.apnikheti.com/en/pn/agriculture/horticulture/medicinal-plants/shankhpushpi

Balogh, A. (2019). Caring for Roses: A Beginner's Rose Growing Guide - Garden Design. GardenDesign.com. https://www.gardendesign.com/roses/care.html

Banyan Botanicals. (n.d.-a). Ginger: Getting to Know Your Herbal Allies. https://www.banyanbotanicals.com/info/blog-the-banyan-insight/details/getting-to-know-your-herbal-allies-ginger/

Banyan Botanicals. (n.d.-b). The Benefits of Hibiscus. https://www.banyanbotanicals.com/info/plants/ayurvedic-herbs/the-benefits-of-hibiscus/

Banyan Botanicals. (n.d.-c). The Benefits of Shatavari. https://www.banyanbotanicals.com/info/plants/ayurvedic-herbs/shatavari/

BBC Gardeners World Magazine. (n.d.). Ocimum tenuiflorum. https://www.gardenersworld.com/plants/ocimum-tenuiflorum/

Blankespoor, J. (2012, December 13). Lavender's Medicinal and Aromatherapy Uses | Chestnut School of Herbal Medicine. Chestnut School of Herbal Medicine. https://chestnutherbs.com/lavenders-medicinal-and-aromatherapy-uses-and-lavender-truffles/

Blankespoor, J. (2022, May 26). Calendula, An Edible & Medicinal Flower | How to Use Calendula. Chestnut School of Herbal Medicine. https://chestnutherbs.com/calendula-sunshine-incarnate-an-edible-and-medicinal-flower/

Bookless, C. (n.d.). Sacral Soup. Conscious Cook. https://www.conscious-cook.co/recipes/sacral-soup

Brennan, P. (2019, December 26). *Growing Damiana Plants From Seed.* Sacred Plant Co. https://www.sacredplantco.com/post/growing-damiana-plants-from-seed

Brooks, N. A., Wilcox, G., Walker, K. Z., Ashton, J. F., Cox, M. B., & Stojanovska, L. (2008). Beneficial effects of Lepidium meyenii (Maca) on psychological symptoms and measures of sexual dysfunction in postmenopausal women are not related to estrogen or androgen content. *Menopause, 15*(6), 1157–1162. https://doi.org/10.1097/gme.0b013e3181732953

Buckley, S. (2022, March 21). *Refreshing dandelion iced tea recipe.* Frolic and Fare. https://frolicandfare.com/dandelion-root-iced-tea/

Buckner, H. (2020, April 30). *How to Grow and Use Motherwort | Gardener's Path.* Gardener's Path. https://gardenerspath.com/plants/herbs/grow-motherwort/

Chandran, R. (n.d.). *Extension | Mugwort.* Extension. https://extension.wvu.edu/lawn-gardening-pests/weeds/mugwort

Chauhan, D. M. (2019a, April 22). *Shatavari Plant - Shatavari Uses, Benefits and Effects on Dosha.* Planet Ayurveda. https://www.planetayurveda.com/library/shatavari-asparagus-racemosus/

Chauhan, D. M. (2019b, April 24). *Shankhpushpi (Convolvulus Pluricaulis) - Medicinal Properties, Benefits & Dosage.* Planet Ayurveda. https://www.planetayurveda.com/library/shankhpushpi-convolvulus-pluricaulis/

Cheryls Herbs. (2020, April 13). *HERBAL INFORMATION SHEET: BACOPA.* https://cherylsherbs.com/blogs/herb-profile-directory/herbal-information-sheet-bacopa

Chow, M. (2023, February 5). *Botanica Erotica: Exploring Sensuality and Aphrodisiac Herbs.* Birth Song Botanicals Co. https://www.birthsongbotanicals.com/blogs/birth-song-blog/aphrodisiac-herbs

Christiansen, S. (2019, September 5). *The Health Benefits of Mugwort.* Verywell Health. https://www.verywellhealth.com/mugwort-benefits-side-effects-dosage-and-interactions-4767226

College of Naturopathic Medicine. (2020, May 22). *How to Remove Pesticides From Your Produce.* https://www.naturopathy-uk.com/news/news-cnm-blog/blog/2020/05/22/how-to-remove-pesticides-from-vegetables-and-fruits-2/

Damiana Shrub: Growing, Healing & Magickal Uses. (2019, November

2). *Magickalspot.com. https://magickalspot.com/damiana/*

de la Foret, R. (n.d.). *The Marshmallow Herb. Herbs with Rosalee.* https://www.herbalremediesadvice.org/marshmallow-herb.html

Dehnke, A. (2021, June 11). *A Beginner's Guide to the Chakras. Yoga Journal.* https://www.yogajournal.com/practice/yoga-sequences-level/beginners-guide-chakras/

Dessinger, H. (2022, February 20). *DIY Liver Love Detox Support Tincture Recipe. Mommypotamus.* https://mommypotamus.com/liver-tincture-recipe/

Doctor NDTV. (n.d.). *Avoid Ginger If You Are Dealing With Any Of These Health Conditions.* https://doctor.ndtv.com/living-healthy/avoid-ginger-if-you-are-dealing-with-any-of-these-health-conditions-1779507

Doyle, E. (2022a, August 3). *Motherwort: The Lion Hearted Herb. The School of Evolutionary Herbalism.* https://www.evolutionaryherbalism.com/2022/08/03/motherwort-the-lion-hearted-herb/

Doyle, E. (2022b, December 7). *Mugwort: The Herb of Dreams. The School of Evolutionary Herbalism.* https://www.evolutionaryherbalism.com/2022/12/07/mugwort-the-herb-of-dreams/

Dyer, M. H. (2022, July 27). *StackPath. Gardening Know How.* https://www.gardeningknowhow.com/ornamental/groundcover/gotu-kola/gotu-kola-information.htm

Eisler, M. (2015, November 4). *Nadi Shodhana: How to Practice Alternate Nostril Breathing. Chopra.* https://chopra.com/articles/nadi-shodhana-how-to-practice-alternate-nostril-breathing

Euphoric Herbals. (n.d.). *11 Herbs for Brain Health, Mental Energy, & Focus. Euphoric Herbals.* https://www.euphoricherbals.com/blogs/news/11-herbs-for-brain-health-mental-energy-focus

Floranella. (2017, January 1). *Elder Berry and Elder Flower in Herbalism and Aromatherapy.* https://www.floranella.com/sample-lessons/elder-berry-and-elder-flower

Foley, M. (2018, April 17). *5 Herbs to Open Your Third Eye. The Alchemist's Kitchen.* https://wisdom.thealchemistskitchen.com/5-herbs-to-open-your-third-eye/

Fowler, A. (2021, June 12). *How to grow native red clover. The Guardian.* https://www.theguardian.com/lifeandstyle/2021/jun/12/how-to-grow-native-red-clover

Freed, M. (2017, June 20). *Hawthorn: Heart Healing from Physical to*

Spiritual. Traditional Roots Institute. https://traditional-roots.org/hawthorn-heart-healing-from-physical-to-spiritual/

Gaia Herbs. (n.d.-a). Bacopa. Retrieved March 28, 2023, from https://www.gaiaherbs.com/blogs/herbs/bacopa

Gaia Herbs. (n.d.-b). Eucalyptus. https://www.gaiaherbs.com/blogs/herbs/eucalyptus

Gaia Herbs. (n.d.-c). The 5 Best Herbs for Fertility and Reproductive Health. Gaia Herbs. https://www.gaiaherbs.com/blogs/seeds-of-knowledge/herbs-for-fertility

Gardeners World. (n.d.). Foeniculum vulgare. https://www.gardeners-world.com/plants/foeniculum-vulgare/

Golden Poppy. (2017, May 31). Working With The Crown Chakra. https://goldenpoppyherbs.com/working-with-the-crown-chakra/

Golden Poppy Herbs. (2017a, January 15). Working With The Heart Chakra. https://goldenpoppyherbs.com/working-with-the-heart-chakra/

Golden Poppy Herbs. (2017b, February 2). Working With The Throat Chakra. https://goldenpoppyherbs.com/working-with-the-throat-chakra/

Gonzales, G. F. (2012). Ethnobiology and Ethnopharmacology of Lepidium meyenii (Maca), a Plant from the Peruvian Highlands. Evidence-Based Complementary and Alternative Medicine, 2012, 1–10. https://doi.org/10.1155/2012/193496

Goodnet. (2020, October 20). Cleansing Herbs for Each Chakra. Goodnet. https://www.goodnet.org/articles/cleansing-herbs-for-each-chakra

Grieve, M. (n.d.). A Modern Herbal. https://botanical.com/

Grow Tea Company. (n.d.). How to Cold Brew Tea. https://www.growtea-company.com/blogs/news/how-to-cold-brew-tea

Hart, K. (2018). Third Eye Chakra Recipe Book: Improve Perception And Develop Intuition, Activate Psychic Abilities, Trust Gut Feeling, Receive Inner Guidance Using Purple Foods (Kindle Edition). Independently published.

Healthline. (2020, March 13). Mullein Leaf Uses, Benefits & Risks. https://www.healthline.com/health/mullein-leaf

Heirloom Organics. (n.d.). How to Grow Astragalus. http://www.heirloom-organics.com/guide/va/guidetogrowingastragalus.html

Herb Pharm. (2022, February 2). 13 Nervine Herbs to Support the

Nervous System. https://www.herb-pharm.com/blogs/herbal-education/13-nervine-herbs

Herbal Academy. (2015, September 3). Motherwort: The Plant World's Mama Bear. Herbal Academy. https://theherbalacademy.com/motherwort-the-plant-worlds-mama-bear/

Herbal Academy. (2020, March 11). Milk Thistle: A Spring Herb Your Liver Will Love. https://theherbalacademy.com/milk-thistle/

Hocurscak, S. (2014, April 9). Red Clover, Red Clover, Bring Healing on Over - Red Clover Tea Recipe. Herbal Academy. https://theherbalacademy.com/red-clover-tea/

Hopkins Medicine. (n.d.). Ginger Benefits. https://www.hopkinsmedicine.org/health/wellness-and-prevention/ginger-benefits

How to grow ginger. (n.d.). Love the Garden. https://www.lovethegarden.com/uk-en/article/how-grow-ginger

Hudson, T. (n.d.). The Surprising Health Benefits of Hibiscus. Gaia Herbs. Retrieved March 11, 2023, from https://www.gaiaherbs.com/blogs/seeds-of-knowledge/the-surprising-health-benefits-of-hibiscus

Indigo Herbs. (n.d.-a). Damiana Benefits & Information. https://www.indigo-herbs.co.uk/natural-health-guide/benefits/damiana

Indigo Herbs. (n.d.-b). Elecampane Benefits. https://www.indigo-herbs.co.uk/natural-health-guide/benefits/elecampane

Indigo Herbs. (n.d.-c). Eyebright Benefits. https://www.indigo-herbs.co.uk/natural-health-guide/benefits/eyebright

Indigo Herbs. (n.d.-d). Gotu Kola Benefits. https://www.indigo-herbs.co.uk/natural-health-guide/benefits/gotu-kola

Indigo Herbs. (n.d.-e). Tulsi Benefits. Retrieved March 28, 2023, from https://www.indigo-herbs.co.uk/natural-health-guide/benefits/tulsi-holy-basil

Jacob, L. (2023, January 11). What is Mullein? Nutra Tea. https://nutra-tea.co.uk/what-is-mullein/

Jain, R. (2020a, September 3). Manipura Chakra: Healing Powers of Solar Plexus Chakra. Arhanta Yoga Ashram. https://www.arhantayoga.org/blog/manipura-chakra-healing-powers-of-the-solar-plexus-chakra/

Jain, R. (2020b, October 7). Ajna Chakra Your Third-Eye Chakra Awakening | Arhanta Yoga Blog. Arhanta Yoga Ashram. https://www.arhantayoga.org/blog/ajna-chakra-your-third-eye-chakra-awakening/

Jain, R. (2020c, October 8). Crown Chakra: The Divine Energy of

Sahasrara Chakra | Arhanta Blog. Arhanta Yoga Ashram. https://www.ar-hantayoga.org/blog/crown-chakra-divine-energy-of-sahasrara-chakra/

Jaiswal, Y. S., & Williams, L. L. (2017). A glimpse of Ayurveda – The forgotten history and principles of Indian traditional medicine. Journal of Traditional and Complementary Medicine, 7(1), 50–53. https://doi.org/10.1016/j.jtcme.2016.02.002

Johnson, J. (2016a, May 27). Tips on Balancing the Root Chakra. Herbal Academy. https://theherbalacademy.com/tips-on-balancing-the-root-chakra/

Johnson, J. (2016b, June 27). Tips on Balancing the Sacral Chakra. Herbal Academy. https://theherbalacademy.com/tips-on-balancing-the-sacral-chakra/

Johnson, J. (2016c, July 22). Tips On Balancing the Solar Plexus Chakra. Herbal Academy. https://theherbalacademy.com/tips-on-balancing-the-solar-plexus-chakra/

Johnson, J. (2016d, August 17). Tips On Balancing The Heart Chakra. Herbal Academy. https://theherbalacademy.com/tips-balancing-heart-chakra/

Johnson, J. (2016e, September 23). Tips on Balancing the Throat Chakra. Herbal Academy. https://theherbalacademy.com/tips-balancing-throat-chakra/

Johnson, J. (2016f, October 17). How To Balance the Third Eye (or the 6th Chakra). Herbal Academy. https://theherbalacademy.com/balance-the-third-eye/

Joyful Belly. (n.d.). Damiana. https://www.joyfulbelly.com/Ayurveda/product/Damiana/432

Justis, A. (2015, September 17). A Family Herb: Chamomile Flower. Herbal Academy. https://theherbalacademy.com/a-family-herb-chamomile-flower/

Justis, A. (2016, May 11). A Family Herb: Helpful Calendula Blossoms. Herbal Academy. https://theherbalacademy.com/a-family-herb-helpful-calendula-blossoms/

Karlsen, K. (n.d.). Chakra Deities: Keys to Experiencing God in The Hindu Tradition. Kathleen Karlsen. https://kathleenkarlsen.com/chakras-deities

Kaulja, D. (2022). Native American Herbalist's Bible.

Kazan, S. (2022, March 22). How To Make Hibiscus Tea (Agua De

Jamaica | + Mix-Ins). *Alphafoodie. https://www.alphafoodie.com/how-to-make-hibiscus-tea/#how-to-make-hibiscus-tea*

Kristine Marie Corr. (2016). *Chakras : a complete guide to Chakra healing. Createspace Independent Publishing Platform.*

Kronoscode. (2020, February 12). *12 Best Herbal Skincare Products To Add To Your Regimen In 2022. BHSkin Dermatology. https://bhskin.com/blog/12-best-herbal-skincare-products-2022/*

Levis, S. (2019a, January 19). *Plants to Balance the Root Chakra -. Sow & Dipity. https://www.sowanddipity.com/plants-to-balance-the-root-chakra/*

Levis, S. (2019b, January 19). *Plants to Balance the Sacral Chakra -. Sow & Dipity. https://www.sowanddipity.com/plants-to-balance-the-sacral-chakra/*

Levis, S. (2019c, January 19). *Plants to Balance the Solar Plexus Chakra -. Sow & Dipity. https://www.sowanddipity.com/plants-to-balance-the-solar-plexus-chakra/*

Lizzy. (2019, December 5). *Understand The 7 Chakra Colors And What They Mean. Chakras.info. https://www.chakras.info/chakra-colors/*

Lubeck, B. (2021, January 31). *The Health Benefits of Motherwort. Verywell Health. https://www.verywellhealth.com/the-benefits-of-motherwort-88640*

Macfarlane, S. (2021, October 1). *5 Incredible Elderflower Health Benefits. Wild Dispensary. https://wilddispensary.co.nz/blogs/news/elderflower-health-benefits*

Magickal Spot. (2023, March 10). *Mullein: Folklore, Spiritual and Magical Uses. https://magickalspot.com/mullein/*

Marciano, M. (2011, November 18). *Bacopa monnieri. The Naturopathic Herbalist. https://thenaturopathicherbalist.com/herbs/b-2/bacopa-monnieri/*

McDermott, A. (2017, October 10). *Shatavari: Benefits, Side Effects, and More. Healthline. https://www.healthline.com/health/food-nutrition/shatavari*

McGinley, K. (2020, February 3). *7 Chakra meditations to keep you in balance. Chopra. https://chopra.com/articles/7-chakra-meditations-to-keep-you-in-balance*

Medical News Today. (2022, October 10). *Astragalus: Benefits, side*

effects, and frequently asked questions. https://www.medicalnewstoday.-
com/articles/astragalus-benefits

Mills, T. (2019, October 1). Spiritual Causes of Digestive Problems.
Www.youtube.com. https://www.youtube.com/watch?
v=wBCFZO5-Ddk

Morgan, A. (2020, August 18). Roots of African American Herbalism:
Herbal Use by Enslaved Africans. Herbal Academy. https://theherbalaca-
demy.com/african-american-herbalism-history/

Moules, J. (2019, April 15). Align Your Chakras With These 7 Chakra
Yoga Poses. YouAligned^{TM}. https://youaligned.com/chakra-yoga-chakra-
alignment/

Mount Sinai Health System. (n.d.). Marshmallow Information | Mount
Sinai - New York. Mount Sinai Health System. https://www.mountsi-
nai.org/health-library/herb/marshmallow

Mueller, J. (2020, June 5). The Heart Chakra - Anahata. Solaris Tea.
https://solarisbotanicals.com/blogs/lifestyle/the-heart-chakra-anahata

My Ratna. (n.d.). Planets, Chakras and benefits. https://myratna.com/arti-
cle/planets-chakras-and-benefits

N.D, J. J. (2015, June 9). The Joy of Harvesting and Using Elder Flowers.
Herbal Academy. https://theherbalacademy.com/the-joy-of-harvesting-
and-using-elder-flowers/

nature of home. (2022, May 25). Growing Ashwagandha Plant:
Complete Guide & Essential Tips. https://natureofhome.com/growing-
ashwagandha-plant/

Netmeds. (2022, July 3). Shankhpushpi: Benefits, Uses, Dosage,
Formulations, and Side Effects. https://www.netmeds.com/health-
library/post/shankhpushpi-benefits-uses-dosage-formulations-and-side-
effects

O'Bryant, C. (2018, September 3). Sage: The healer, wisdom keeper and
spirit releaser... Wild Roots Apothecary. https://www.wildrootsapothe-
cary.com/blogs/herbal-musings/sage-the-healer-wisdom-keeper-and-
spirit-releaser

O'Connor, B. (2015, June 21). 11 Ways to Decalcify Your Pineal Gland
for.... Spirituality+Health. https://www.spiritualityhealth.-
com/blogs/heart-health/2015/06/21/bess-oconnor-how-decalcify-and-
activate-pineal-gland

Ondol Oriental Medicine Clinic. (2022, June 9). Anger, the Wood Element and the Liver. https://www.ondol.com.au/anger-the-wood-element-and-the-liver%ef%bf%bc/

Organic India. (2023, January 6). Herbs for the chakras. Organic India. https://organicindiausa.com/blog/herbs-for-the-chakras/

Pavid, K. (2021, February 19). Aspirin, morphine and chemotherapy: the essential medicines powered by plants. Natural History Museum. https://www.nhm.ac.uk/discover/essential-medicines-powered-by-plants.html

Peppermint Health Benefits. (n.d.). Herbs with Rosalee. https://www.her-balremediesadvice.org/peppermint-health-benefits.html

Phan, R. (2023a, January 23). What Is Damiana? Verywell Health. https://www.verywellhealth.com/damiana-what-should-i-know-about-it-89557

Phan, R. (2023b, March 3). Benefits of the Herb Gotu Kola. Verywell Health. https://www.verywellhealth.com/the-benefits-of-gotu-kola-89566

Pierce, R. (2021, February 19). How to Grow and Care for Barberry Bushes | Gardener's Path. Gardener's Path. https://gardenerspath.com/plants/ornamentals/grow-barberry/

Planet Ayurveda. (n.d.). Astragalus Root (Astragalus Membranaceus). Retrieved March 14, 2023, from https://www.planetayurveda.com/astragalus-root/

Popham, S. (2015, December 4). Alchemical Herb Profile: Dandelion (Taraxacum officinale). The School of Evolutionary Herbalism. https://www.evolutionaryherbalism.com/2015/12/04/alchemical-herb-profile-dandelion-taraxacum-officinale/

Popham, S. (2016, March 9). How to Connect with Plants and Know Which Herb is Right for You. Www.youtube.com. https://www.youtube-be.com/watch?v=PrTwSrwHpIY

Preiato, D. (2020, August 6). Capsaicin Supplements: Benefits, Dosage, and Side Effects. Healthline. https://www.healthline.com/nutrition/capsaicin-supplement

Price, A. (2019, September 11). This Herb Boosts Heart, Gut & Liver Health ... & May Fight Cancer & Diabetes! Dr. Axe. https://draxe.com/nutrition/barberry/

Rasoanaivo, P., Wright, C. W., Willcox, M. L., & Gilbert, B. (2011).

Whole plant extracts versus single compounds for the treatment of malaria: synergy and positive interactions. Malaria Journal, 10(S1).
https://doi.org/10.1186/1475-2875-10-s1-s4

Ricola. (2019a, November 22). *Eucalyptus Shower. https://www.ricola.com/en-gb/experience/wellbeing-ideas/article/eucalyptus-shower*

Ricola. (2019b, November 22). *Natural Herbal Steam Bath. https://www.ricola.com/en-gb/experience/wellbeing-ideas/article/natural-herbal-steam-bath*

Rose, K. (2022). *ART & PRACTICE OF SPIRITUAL HERBALISM : transform, heal, and remember with the power of plants and... ancestral medicine. Rockport Publishers.*

Royal Horticultural Society. (n.d.-a). *Chamomile. https://www.rhs.org.uk/herbs/chamomile/grow-your-own*

Royal Horticultural Society. (n.d.-b). *Houseplants: to support human health. https://www.rhs.org.uk/plants/types/houseplants/for-human-health*

Saje US. (n.d.). *The Benefits, Uses, and History of the Peppermint Plant & Peppermint Oil. Retrieved March 11, 2023, from https://www.saje.com/ingredient-garden-peppermint.html*

Sarah. (2015, November 30). *Sunday Sutra: Sacral Chakra Smoothie. Well and Full. https://wellandfull.com/2015/11/sacral-chakra-smoothie/*

Sarah. (2016a, January 10). *Sunday Sutra: Heart Chakra Smoothie. Well and Full. https://wellandfull.com/2016/01/sunday-sutra-heart-chakra-smoothie/*

Sarah. (2016b, January 31). *Sunday Sutra: Crown Chakra Smoothie. Well and Full. https://wellandfull.com/2016/01/sunday-sutra-crown-chakra-smoothie/*

Sarikaya, A. N. (2019, June 6). *Third Eye Don't Lie tea recipe to unlock your intuition. Mystic Muse. https://mystic-muse.com/third-eye-dont-lie-tea-recipe-to-unlock-your-intuition/*

Sawmill Herb Farm. (n.d.). *Elecampane. https://www.sawmillherbfarm.com/herb%20profile/elecampane/*

scienceandnonduality. (2017). *Connecting with the Intuitive Guidance of the Heart, Deborah Rozman. In YouTube. https://www.youtube.com/watch?v=apK8h1B9UbQ*

Seaver, V. (n.d.). Health Benefits of Hibiscus Tea, According to a Dietitian. EatingWell. https://www.eatingwell.com/article/7989695/health-benefits-of-hibiscus-tea-according-to-a-dietitian/

Sencha Tea Bar. (n.d.). How to Make Lavender Tea 4 Different Ways. https://senchateabar.com/blogs/blog/how-to-make-lavender-tea

Sharecare. (n.d.). Who should not use dandelion? | Dandelion. Sharecare. https://www.sharecare.com/health/dandelion/who-should-not-use-dandelion

Shayla, H. (2021, October 28). Benefits and History of Slippery Elm Bark + Tea Recipe. Blog.mountainroseherbs.com. https://blog.mountainroseherbs.com/slippery-elm-uses-and-benefits

Shrivastava, U. (n.d.). The Seven Chakras of The Human Body and Their Cosmic Connection. Astroyogi. https://www.astroyogi.com/articles/astroyogi-the-seven-chakras-of-the-human-body-and-their-cosmic-connection.aspx

Sierralupe, S. (2020, April 29). Cayenne Pepper - Pocket Herbal. The Practical Herbalist. https://thepracticalherbalist.com/advanced-herbalism/cayenne-pocket-herbal/

Sinadinos, C. (n.d.). Fennel. The Northwest School for Botanical Studies. http://www.herbaleducation.net/fennel

Solidago School of Herbalism. (n.d.). Cinnamon, More Than a Spice! https://www.solidagoherbschool.com

Sow True Seed. (n.d.). Planting Guide and Seed Saving Notes for Mullein. https://sowtrueseed.com/pages/planting-guide-and-seed-saving-notes-for-mullein

StarsandPearls. (2019, May 17). Emotions & Organs: Lungs! Process your Grief! YouTube. https://www.youtube.com/watch?v=l2tVtFjeN9s

Stephan. (2019, December 16). Eyebright - characteristics, cultivation, care and use. Live Native. https://www.live-native.com/eyebright/

Swift, K. (2017, December 17). Fennel: Herb of the Week. CommonWealth Holistic Herbalism. https://commonwealth-herbs.com/fennel-herb-week/

Tharakan, A., Shukla, H., Benny, I. R., Tharakan, M., George, L., & Koshy, S. (2021). Immunomodulatory Effect of Withania somnifera (Ashwagandha) Extract—A Randomized, Double-Blind, Placebo Controlled Trial with an Open Label Extension on Healthy Participants.

Journal of Clinical Medicine, 10(16), 3644.
https://doi.org/10.3390/jcm10163644

The Daily Struggle. (2022, October 11). *Clover: Health Benefits, Magical Properties and Recipes to Try | TDS. https://www.thedailystruggle.co.uk/clover-health-benefits/*

The Editors of Encyclopaedia Britannica. (2019). *traditional Chinese medicine | Description, History, & Facts. In Encyclopædia Britannica. https://www.britannica.com/science/traditional-Chinese-medicine*

The Naturopathic Herbalist. (2011, October 20). *Eucalyptus globulus. https://thenaturopathicherbalist.com/herbs/d-f/eucalyptus-globulus/*

Thompson, K. (n.d.). *Calendula Monograph. HerbRally. https://www.herbrally.com/monographs/calendula*

Tiny Rituals. (n.d.). *How to Smudge Your Home: A Simple Guide. https://tinyrituals.co/blogs/tiny-rituals/a-simple-guide-to-smudging-your-space*

Traditional Medicinals. (n.d.). *Peppermint 101. https://www.traditional-medicinals.com/blogs/ppj/peppermint-101*

TruHavn. (n.d.). *The Role of the Rose in Herbal Medicine. TruHavn. https://www.truhavn.com/news/the-role-of-rose-in-herbal-medicine*

Tryskelion. (2023). *Correspondence of Magickal Herbs. https://www.tryskelion.com/mag_correspondence_magickal%2oherbs.html*

Tyrant Farms. (2020, February 22). *How to grow and use milk thistle. https://www.tyrantfarms.com/how-to-grow-and-use-milk-thistle/*

Ugaoo. (n.d.). *Balance your chakras with these herbs. Ugaoo. https://www.ugaoo.com/blogs/green-lifestyle/how-to-balance-chakras-with-chakra-herbs*

US Forest Service. (n.d.). *Medicinal Botany. Www.fs.usda.gov. https://www.fs.usda.gov/wildflowers/ethnobotany/medicinal/index.shtml*

Van Fossen, A. (2019, July 23). *How to Align Your Energy with the Four Phases of the Moon. https://allievanfossen.com/how-to-align-your-energy-with-the-four-phases-of-the-moon/*

Veeresham, C. (2012). *Natural products derived from plants as a source of drugs. Journal of Advanced Pharmaceutical Technology & Research, 3(4), 200. https://doi.org/10.4103/2231-4040.104709*

Vidaurri, E. (2016, January 10). *Elderberry Herbal Tea. Recipes to Nourish. https://www.recipestonourish.com/elderberry-herbal-tea/*

Washington College. (n.d.). *Ashwaganda - Withania somnifera.*

https://www.washcoll.edu/learn-by-doing/food/plants/solana-ceae/withania-somnifera.php

Wattanathorn, J., Mator, L., Muchimapura, S., Tongun, T., Pasuriwong, O., Piyawatkul, N., Yimtae, K., Sripanidkulchai, B., & Singkhoraard, J. (2008). Positive modulation of cognition and mood in the healthy elderly volunteer following the administration of Centella asiatica. Journal of Ethnopharmacology, 116(2), 325–332. https://doi.org/10.1016/j.jep.2007.11.038

Web MD. (n.d.). ELDERFLOWER: Overview, Uses, Side Effects, Precautions, Interactions, Dosing and Reviews. https://www.webmd.-com/vitamins/ai/ingredientmono-708/elderflower

WebMDWe. (2010). Inulin: Uses, Side Effects, Interactions, Dosage, and Warning. Web MD. https://www.webmd.com/vitamins/ai/in-gredientmono-1048/inulin

Weiss, J. (2015, September 4). Lung Healing Sound to release grief, sadness and disappointment. Www.youtube.com. https://www.youtu-be.com/watch?v=3JV4ACtvxxM

White, A. (2017, July 10). Are Phytoestrogens Good for You? Healthline. https://www.healthline.com/health/phytoestrogens

Williams, J. (2022a). What is Spiritual Herbalism? https://www.youtu-be.com/watch?v=RyiHA2UQn5g

Williams, J. (2022b). Spiritual Herbalism. Aeon Books.

Witchy Gypsy Momma. (2021a, January 6). Magickal and Medicinal Herbs: Sage 101. Witchy Gypsy Momma. https://witchygypsymomma.-com/2021/01/06/digging-deeper-into-sage/

Witchy Gypsy Momma. (2021b, January 20). Magickal and Medicinal Herbs. Eucalyptus 101 https://witchygypsymomma.-com/2021/01/20/digging-deeper-into-eucalyptus/

Wszelaki, M. (2016, April 1). Chasteberry Tea to Alleviate PMS and Menopause Symptoms. Hormones & Balance. https://hormonesbalance.-com/recipes/chasteberry-tea-pms-menopause/

Wszelaki, M. (2020a, January 22). Milk Thistle Ginger Tea for Liver Health. Hormones & Balance. https://hormonesbalance.-com/recipes/milk-thistle-ginger-tea-for-liver-health/

Wszelaki, M. (2020b, March 11). Soothing Calendula Lotion for Dry, Irritated Skin. Hormones & Balance. https://hormonesbalance.com/reci-pes/calendula-lotion-for-dry-irritated-skin/

REFERENCIAS

Wszelaki, M. (2020c, October 8). *Herbal Honey Recipe to Protect Against Colds & Flu—Rosemary, Sage, Thyme. Hormones and Balance.* https://hormonesbalance.com/recipes/herbal-honey-for-hormones-and-immunity/

Zak, V. (2009). *20,000 Secrets of Tea. Random House Publishing Group.*

TU OPINIÓN ES MUY VALIOSA

Nos gustaría atrevernos a pedirte un acto de amabilidad. Si has leído y disfrutado de nuestro(s) libro(s), ¿considerarías dejar una reseña sincera en Amazon o Audible? Como grupo editorial independiente, tus comentarios significan mucho para nosotros. Leemos todas y cada una de las reseñas que recibimos y nos encantaría conocer tus opiniones, ya que cada una de ellas nos ayuda a ofrecer un mejor servicio. Tus comentarios también pueden tener un impacto en otras personas de todo el mundo, ayudándoles a descubrir conocimientos poderosos que pueden poner en práctica en sus vidas para brindarles esperanza y empoderamiento. Te deseo poder, valor y sabiduría en tu viaje.

Si has leído o escuchado alguno de nuestros libros y tienes la amabilidad de reseñarlos, puedes hacerlo haciendo clic en la pestaña "más información" situada bajo la imagen del libro en nuestro sitio web:

https://ascendingvibrations.net/books

¿Por qué no te unes a nuestra comunidad de Facebook y comentas acerca de tu camino espiritual con otros viajeros afines?

¡Nos encantaría saber de ti!

Haz clic aquí para unirte a nuestra comunidad 'Ascending Vibrations':

bit.ly/ascendingvibrations